数学方法论视角下中学数学课程的创新教学探索

严　亮　檀小华◎著

吉林文史出版社

图书在版编目（CIP）数据

数学方法论视角下中学数学课程的创新教学探索 / 严亮，檀小华著. -- 长春 ：吉林文史出版社，2021.8
　ISBN 978-7-5472-7977-9

　Ⅰ. ①数… Ⅱ. ①严… ②檀… Ⅲ. ①中学数学课－教学研究 Ⅳ. ①G633.602

中国版本图书馆 CIP 数据核字(2021)第 162347 号

SHUXUE FANGFALUN SHIJIAO XIA ZHONGXUE SHUXUE KECHENG DE CHUANGXIN JIAOXUE TANSUO

书　　名	数学方法论视角下中学数学课程的创新教学探索
作　　者	严　亮　檀小华
责任编辑	王丽媛
封面设计	徐芳芳
出版发行	吉林文史出版社有限责任公司
地　　址	长春市福祉大路 5788 号
网　　址	www.jlws.com.cn
印　　刷	北京四海锦诚印刷技术有限公司
开　　本	185mm×260mm　16 开
印　　张	8.25
字　　数	185 千字
版　　次	2022 年 8 月第 1 版　2022 年 8 月第 1 次印刷
定　　价	48.00 元
书　　号	978-7-5472-7977-9

前　言

　　数学是人类在生活、劳动和相互交往的过程中，对事物数量形态及其相互关系逐渐形成抽象符号认识的产物。数学不仅在生活中被广泛地运用，而且还通过教育的方式代代传承。使数学教学的育人价值在当代教育中得到充分的实现，是我们探索并进行数学教学改革的根本目标。

　　中学数学承担着对中学生进行素质教育的重任，进行创新思维意识的培养与教育，不仅符合中学数学教学发展的一般规律，也符合中学生成长发展的规律，更是国家大力推进创新教育的核心内容。

　　本书以中学数学课堂教学为支点，在数学方法论以及新时代要求的背景下，从中学数学课程改革现状、中学数学课堂创新思维培养、数学方法论的实践应用、课程教学创新实践以及中学数学课程创新教学发展策略与实践等方面做了全面的分析和说明，以期为中学的数学课程教学创新发展奠定坚实的基础。

　　由于时间和作者的水平所限，书中难免存在不足之处，敬请广大读者对本书提出宝贵意见。

目　录

第一章 中学数学课程概述

历史是对过去的诠释，回顾历史，总结过去，以史为鉴，展望未来，人们都应该了解历史，学习古人的聪颖，借鉴历史的教训，可以为人类的未来发展提供参考。因此对我国中学数学课程改革与发展的历程有所了解，有助于认识我国中学数学课程教育的特点，有利于未来中学数学课程教育教学的发展。

第一节 中学数学课程概念界定

一、中学

在中国教育发展史上，中学的概念经历了内涵不断丰富和逐渐清晰的发展过程。

《辞海》对中学的解释是：实施中等普通教育的学校。这里，普通教育是与职业教育、成人教育等相区别的一个用语。而在当代，中学一词曾被用于指称中等教育阶段不同类型的学校。例如，政务院于1951年颁布的《关于改革学制的决定》中，根据当时的国情在中等教育阶段设立了工农速成中学（3~4年）、业余中学（分初级、高级，初级3~4年，高级3~4年），该决定指出："中学、工农速成中学和业余中学应给学生以全面的普通的文化知识教育。"1958年工农速成中学停办。之后，根据中共领导人刘少奇关于"两种教育制度、两种劳动制度"的设想，又在农村、城市开办半工（农）半读的农业中学和职业中学。这些农业中学和职业中学是实施普通教育与职业教育相结合的中等学校。本研究中的中学仅指普通中学，不包括曾具有普通教育功能的工农速成中学、半工（农）半读的农业中学和职业中学。

我国自1922年颁布《学校系统改革案》，制定《壬戌学制》，首次设立初级中学以来，中学就分为初级中学和高级中学。这种中学制度一直沿用至今。虽然1959年进行的学制改革试验中曾试验中小学7年、9年、11年一贯制学制，一些试验方案没有明确区分小学和中学，也没有明确区分初级中学和高级中学，但仍可以根据年级来确定中学的范围。所以本研究中的中学包括初级中学和高级中学。

二、数学课程

"课程"是一个含义极为广泛的概念，它使用得极为普遍，但其定义却仁者见仁智者见智。《中国大百科全书·教育卷》中对课程的解释是："课程即课业及其进程。现代学校兴起以来，课程有广义、狭义两种。广义指所有学科（教育科目）的总和或学生在教师指导下各种活动的总和。狭义指一门学科。"《教育大辞典》对于课程的辞条表述为：①为实现学校教育目标而选择的教育内容的总和。包括学校所教各门学科和有目的、有计划、有组织的课外活动。②泛指课业的进程。在一定时间内应完成的一定分量的学业。③学科的同义语，如语文课程、数学课程等。

对于课程这一术语古今中外的理解基本一致，即"课程是指学校教学的科目及其进程"。然而，对课程的本质的认识和对课程的定义则是各抒己见。国外对课程本质的阐释，典型的有三种不同观点：一是"计划说"，即把课程的本质看成是一种书面"计划"；二是"经验说"，即把课程的本质看成是学生获得的全部"经验"；三是"预期结果说"，即把课程的本质看成是一种"预期学习结果"。而在我国，对课程的本质经历了20多年的探讨，出现了多种观点，但对课程的本质含义，研究者们越来越倾向于把它看成是旨在使学生获得的教育性经验的计划。所以，在我国，通常所说的课程是指为实现学校的培养目标而规定的教育内容及其范围和进程的总和，即课程是有计划、有目的、有指导的教育内容。而有计划、有目的、有指导的教育内容是以课程计划（教学计划）、课程标准（教学大纲）和教材的形式体现的。因此，课程计划（教学计划）、课程标准（教学大纲）和教材是课程的主要形态，也是我们考察和研究课程的重要视角。

美国学者古德莱德（J. I. Goodlad）从课程定义的层次上将课程分为五种类型。在他看来，人们谈论课程时，往往是指不同层次上的课程。他认为存在着五种层次的课程：理想的课程（ideological curriculum）、正式的课程（formal curriculum）、领悟的课程（perceived curriculum）、运作的课程（operational curriculum）、经验的课程（experiential curriculum）。理想的课程是指研究机构、学术团体和课程专家提出的课程。这个层次的课程是处于理论研究阶段的课程，它代表一个国家课程研究的理论水平。这种课程的影响取决于是否被官方所采纳。正式的课程是指教育行政部门制定颁布的课程，包括课程计划、课程标准（教学大纲）和教材，也就是列入学校课程表中的课程，也称官方课程。这个层次的课程具有法令意义，代表着一个国家的教育行政水准。领悟的课程即指任课教师所领会的课程，是由教师自己对正式课程的理解、解释和自己的主观愿望所决定的。运作的课程即指学校课堂上正在实施的课程，也称实践课程，体现为师生的教学活动。经验的课程即指学生实际体验到的课程，这是由学生从实施的课程中获得的东西和对这些获得的东西的看法构成的。总的来说，从理想课程到经验课程的过程是课程由理想状态"流"向实践，最终转化为学生经验的过程。

本书中的课程是指正式的课程，即指教育行政部门制定颁布的课程，包括课程计划、课程标准（教学大纲）和教材。基于对课程的这种理解，本研究中的数学课程也是指正式课程层次上的课程，即官方颁布的课程，包括课程计划、数学课程标准（数学教学大纲）和数学教材。这种对课程的理解符合我国的习惯和实际情况。因为，从清朝末年至今的百余年发展历程中，中小学的课程目标、课程设置、课程内容和教学要求等都是由中央政府统一制定，以中央教育主管部门名义颁布，作为全国中小学教育教学的依据。清朝末年，政府先后颁布了两个"学堂章程"，其中对中小学的学制、教学时间、各年级的教学内容和要求都做了规定。民国初年，中央政府是通过"中小学令"及其相关的教则或施行规则来统一学校课程。1922 年以后直至 1949 年以前，中央教育主管部门在颁发的"课程标准"中规定关于中小学的课程目标、课程内容和教学要求。中华人民共和国成立后，在很长一段时期对教材实行国定制，并以教育部或国家教委的名义颁发中小学"教学计划"和"教学大纲"来规范和管理课程。可见，正式的课程（官方课程）是我国课程的主流形式。通过正式课程发展历程的考察可以折射出其他形式课程的发展情况，同时，对正式课程发展历程的考察和研究对我国当今课程改革更具有启发和借鉴意义。因此，正式课程是考察我国课程发展历程的重要视角。

通过上述相关概念的界定，本研究的范围是我国 1949—2000 年的普通中学（包括初中和高中）的数学课程，包括普通中学的课程计划中有关数学学科的部分、数学课程标准（数学教学大纲）和数学教材。

还需要说明的是，教材一词在使用中有广义、狭义之分。广义的教材，是指学校范围内普遍采用的体现教学内容、实现教学目标的材料，不仅包括课内的教科书和教学参考书，还包括课外辅导材料及辅助教材、音像材料等，其中教科书是教材的主体；狭义的教材，只是指课堂上使用的教科书，或称课本、教本，通常按学年或学期分册，主要由课文、注释、插图、习题等构成。考虑到收集资料的可行性以及现实的需要，本研究中使用的教材一词，如无特殊说明，均指狭义的教材，即课堂上使用的教科书。由于一些时期，数学教科书被称为课本，所以，本书后面的论述中会根据当时的称谓用课本、教材或教科书，三者所指相同。

第二节　中学数学课程发展历程

改革开放 40 多年来，中学数学课程的发展可以分为几个阶段：探索数学课程发展道路时期（1978—1991）、尝试建立数学课程体系时期（1991—2000）、初步建立数学课程体系时期（2001—2010）、完善数学课程体系时期（2011—现今）。

一、探索数学课程发展道路时期（1978—1991）

1966 年 5 月开始至 1976 年 10 月结束的"文化大革命"期间，数学课程的发展遭遇重大挫折。1976 年 10 月，"文化大革命"结束，全国进入了全面整顿时期，教育领域开始整顿恢复教学秩序，根据"调整、改革、整顿、提高"八字方针开展以提高质量为中心的教育改革，中学数学课程的发展也进入了探索中国数学课程发展道路阶段。

（一）试验统一的十年制综合数学课程

1977 年 9 月，教育部决定成立中小学数学编写组，以全国中小学教材编写工作会议的形式编写中小学教材。中小学数学编写组的任务，一是起草"全日制十年制中学、小学数学教学大纲"，二是编写全日制十年制中学和小学数学教材。由于"文化大革命"时期，全国大部分地区采用九年或十年制学制，整顿恢复教学秩序时，首先统一恢复十年制。

中小学数学编写组 1977 年 9 月开始起草中小学数学教学大纲，起草过程中，编写组对日本、美国、英国、法国等国的中小学数学教材和教学大纲进行了分析和研究，编写组在广泛征求意见的基础上，提出：根据"精简、增加、渗透"的原则确定内容以实现数学课程内容的现代化，对于数学课程内容采用综合编排的方式。1978 年 1 月，中小学数学编写组完成了中小学数学教学大纲的起草工作。1978 年 2 月，教育部颁布《全日制十年制学校中学数学教学大纲（试行草案）》（简称"78 大纲"），并于当年秋季在全国试行。"78 大纲"在 1980 年做过修订，颁布第二版"78 大纲"的内容包括教学目的、教学内容的确定、教学内容的安排、教学中应注意的几点、教学要求和教学内容五部分。该大纲中，阐述了确定数学教学内容和实现数学教学内容现代化的"精简、增加、渗透"六字方针：精简传统中学数学内容；增加微积分及概率统计、逻辑代数等初步知识；渗透集合、对应等现代数学思想；提出课程内容混合编排，数学课程不再分科，把"精选出来的代数、几何、三角等内容和新增加的微积分等内容综合成一门数学课"。

中小学数学编写组在起草大纲的同时，开始编写《全日制十年制中学数学教材》，

1980 年 4 月完成整套教材的编写。这套教材包括初中数学课本 6 册、高中数学课本 4 册。

这套教材，在内容上有较大的变化：删去了传统数学教材中的一些作用不大的细节性内容；增加了许多学习现代技术必需的基础知识，如微积分、概率统计、逻辑代数等；还渗透了不少现代数学的基本概念、基本内容，如集合、对应、极限、导数、积分、矩阵、行列式等，根据把"精选出来的代数、几何、三角等内容和新增加的微积分等内容综合成一门数学课"的原则，教材采用混合（综合）编排。

（二）试验有选择性的十二年制分科数学课程

1980 年 12 月，中共中央、国务院颁发的《关于普通中小学教育若干问题的决定》提出：中小学学制，应逐步改为十二年制。1981 年 4 月 17 日，教育部发布《全日制六年制重点中学教学计划试行草案》的通知。通知规定：中学学制定为 6 年（初、高中各 3 年），各地应从实际条件出发，结合中等教育的调整和结构改革，做出具体规划，有计划地由五年制向六年制过渡，争取在 1985 年把中学学制改为 6 年。1982 年，人民教育出版社根据《全日制六年制重点中学教学计划试行草案》制定了《全日制六年制重点中学数学教学大纲（征求意见稿）》（简称"82 大纲"），作为编写全日制六年制重点中学数学教材的依据（该大纲并未以教育部名义颁发）。"82 大纲"中，高中阶段按 3 种不同类型设置课程内容：第一种类型为单科性选修，第二种类型为侧重文科的选修，第三种为侧重理科的选修。人民教育出版社据此大纲编写了六年制重点中学数学课本，这套课本包括初级中学课本代数 4 册、初级中学课本几何 2 册、高中数学课本代数 3 册、代数与几何 2 册、立体几何 1 册、解析几何 1 册、微积分初步 1 册。其中，初中数学课本供重点中学和一般中学的初级中学使用，1983 年秋季开始供应；高中数学课本是第一套专门供重点高中使用的数学教材，自 1982 年秋季开始供应。

根据"78 大纲"编写的十年制中学数学教材在使用过程中反映出内容难、要求高，学生负担过重、分化较大、及格率偏低等问题，教育部决定调整高中数学的教学内容，实行两种教学要求，并于 1983 年 11 月发布《高中数学教学纲要（草案）》，其中规定了"基本要求"和"较高要求"两种要求的教学内容。基本要求的课本称为"乙种本"，较高要求的课本称为"甲种本"。人民教育出版社数学编辑室根据《高中数学教学纲要（草案）》，对高中数学教材进行了调整：新编了基本要求的高级中学课本代数（乙种本）上下册、立体几何（乙种本）全 1 册、平面解析几何（乙种本）全 1 册，将原六年制重点中学供理科学习用（第三种类型）的高中数学课本改编为高级中学课本代数（甲种本）第 1 至 3 册、立体几何（甲种本）全 1 册、平面解析几何（甲种本）全 1 册、微积分初步（甲种本）全 1 册。

（三）实行统一的分科数学课程

1985 年 5 月，中共中央发布《关于教育体制改革的决定》。1986 年 9 月，国家教育委员会（1985 年 6 月，设立国家教育委员会，撤销教育部）在北京召开全国中小学教材审定委员会成立大会，决定改革中国的教材编写制度，实行由国家教委颁布教学大纲，鼓励各地因地制宜，自编教材，最后由审定委员会审定会议确定了中小学教材改革和建设的基本步骤：第一步是 1990 年以前，在对现行课程设置和主要内容及体系不做大的变动的前提下，修订现行教学大纲，大纲审定通过后，作为这一阶段教学、考试、教学质量评估和修订教材的依据；第二步是制订新的九年义务教育教学计划和教学大纲，根据新大纲，组织编写各科教材和教学用书，经过试用、修改，供 1990 年后使用，同时研究制订高中阶段的教学计划和教学大纲。根据这个步骤，国家教委提出按照"适当降低教学内容的难度，减轻学生的学习负担，教学要求要明确具体"的原则，修改审查现行教学大纲。数学教学大纲主要是根据教育部此前对中学数学教学要求所做的调整，以及 1981 年以来中学数学教材的变化情况，对"78 大纲"进行了修订，制定了《全日制中学数学教学大纲》。1986 年 11 月，这个大纲经审定委员会审定通过。1987 年 2 月国家教委颁布《全日制中数数学教学大纲》（简称"86 大纲"），作为 1990 年以前的过渡性大纲使用，"86 大纲"的文本结构与"78 大纲"完全一样。该大纲中，阐述了选择数学教学内容的原则：精简传统的中学数学内容；在初中阶段，增加统计的初步知识，在高中阶段增加极限的简单应用和概率的初步知识作为选学内容；适当渗透集合、对应等数学思想，对于中学数学内容，按分科编排。

"86 大纲"是自"78 大纲"和据此编写的《全日制十年制学校中学数学教材》实施以来，教育部对中学数学教学内容和教学要求不断进行调整的结果的反映。由于在调整过程中，教材已做了相应的调整和修改，所以，"86 大纲"颁布后，没有重新编写教材，1988 年秋季起，仍然使用原来的教材。其中，高中使用的是原来的乙种本。

（四）探索中学数学课程内容新体系

1978 年，正当教育部组织编写中小学新教材时，美国加州大学伯克利分校项武义教授于 1978 年 7 月回国讲学，在看了当时的数学教学大纲和教材后，提出了一个"关于中学数学实验教材的设想"。对此设想教育部很重视，1978 年 11 月，教育部委托北京师范大学、中国科学院数学研究所、人民教育出版社、北京师范学院、北京景山学校五个单位组成领导小组，由北京师范大学牵头，组织五个单位及全国中小学教材工作会议数学编写组的有关人员组成了"中学数学实验教材编写组"，根据项武义的设想，从 1978 年 11 月开始编写教材。1979 年 7 月教材陆续完稿印成试教本。1979 年 7 月教育部发布了《关于组织中学数学实验教材的实验工作的通知》，自 1979 年 9 月起在全国一些学校进行实验，在实验过程中，编写组吸收了实验学校老师们的经验和意见，对试教本进行修改，形成了一套《中学数学实验教材》，该教材初版是由北京师范大学出版社出版的，自 1981 年到 1986 年陆续出全了初中 6 册、高中 6 册数学教材，初版教材使用 6 年后，对初中 6 册做了修改，由人民教育出版社 1986 年出版，1989 年通过了全国中小学教材审定委员会审查，推荐在师资水平高、学生基础好的学校或班级试用。

《中学数学实验教材》对中学数学的内容体系做了新的探索和尝试，项武义提出编写《中学数学实验教材》的指导思想是：精简实用，返璞归真，深入浅出，顺理成章。"精简实用"就是教材中的理论要耐心细致地以实际问题开始，逐步精简而得，而且要随时讲清如何以理论之简去统驭实际之繁。"返璞归真"就是要抓住最基本的思想和最本质的原理与方法，即要抓住通性、通法，着重于教学生基础数学的本质，而不拘泥于抽象的形式。"深入浅出"就是要用易于学生接受的形式引导学生去掌握枢纽性的基础理论。"顺理成章"是指按照历史发展的程序和人类认识的自然演进顺序来处理数学题材。

根据上述指导思想，实验教材精选了传统数学中那些普遍实用的最基础的内容，即在理论上、应用上和思想方法上都是基本的、长远起作用的通性、通法。例如，代数中的数系运算律（项武义称为数系通性）、多项式的运算、解代数方程、待定系数法，几何中的基本图形的概念和主要性质、向量、解析几何，分析中的函数、极限、连续、微分、积分，概率统计，以及逻辑、推理论证等知识。对于那些理论和应用上虽有一定作用，但发展余地不大，或者没有普遍意义和实用价值的内容，比如立体几何中的空间作图，几何体的体积、表面积计算，几何难题，因式分解，对数计算等，都做了较大的精简或删减。

实验教材主要从代数学、几何学、分析学三个学科中选择内容，采取代数、几何、分析分科，初中、高中循环安排的体系，其基本设计是：分初中、高中两个层次，每个层次在上述三个学科中做一次循环。

总之，这一时期在学习借鉴、继承与创新中探索中国数学课程发展道路，对数学课程的内容、选择性、编排方式等进行了探索和实践。开始在"78 大纲"中根据"精简、增加、渗透"的原则选择课程内容，增加了许多现代化的数学课程内容，致使数学课程内容太难，与当时学生的基础和师资水平不相符合，一经实施就凸显出不适应的问题，之后的十几年，一直在围绕 1978 年的课程进行减少内容、降低难度的调整，"86 大纲"是这种调整结果的反映。从 1982 年开始，在高中尝试过分类型设置课程和两种不同要求的课程，但随着课程内容的调整，在"86 大纲"中取消了该做法，只设置了一些用"＊"标记的选学内容。从 1978 年开始尝试的教材综合编排方式，由于教师不适应，也在实验过程中淡出，被分科编排方式所替代。

二、尝试建立数学课程体系时期（1992—2000）

（一）试验多元化义务教育数学课程

1986 年，国家教委为了配合义务教育法的实施，制订了《义务教育全日制小学、初级中学教学计划（试行草案）》（以下简称《教学计划》，该《教学计划》与各科大纲初审稿一起于 1988 年印发），并委托人民教育出版社、上海市教育局、辽宁教育学院、北京师范大学数学系分别起草《九年制义务教育全日制初级数学教学大纲》草稿。1986 年 9 月国家教委召集会议，组织有关人员，将几份草稿进行整合、修改，形成初级中学数学教学大纲（征求意见稿）。征求意见稿在征求数学家、教材编写人员和教研部门有关人员的意见后，又做了修改，然后送交全国中小学教材审定委员会数学学科审查委员会审查，经再一次修改后，形成《九年制义务教育全日制初级数学教学大纲（初审稿）》。1988 年 9 月国家教委颁布《九年制义务教育全日制初级中学数学教学大纲（初审稿）》，供编写教材试验之用。从 1990 年秋季起依据大纲初审稿编写的教材在试验区开始试验，在试验的基础上，对大纲初审稿又做了修订，经全国中小学教材审定委员会审定，国家教委于 1992 年 8 月正式颁布了《九年制义务教育全日制初级中学数学教学大纲（试用）》（以下简称"92 大纲"）。

"92 大纲"的结构与此前的"78 大纲""86 大纲"相比，除了将教学内容的确定与教学内容的安排合成一部分外，其余部分大致相同。特别的是，该大纲对教学目的中所用的名词基础知识、基本技能、运算能力、逻辑思维能力、空间观念、解决简单实际问题、良好的个性品质和初步的辩证唯物主义观点等都做了解释和说明。这是中国数学课程发展史上首次在数学教学大纲中，对教学目的做精确的界定和说明。该大纲提供了"六三"与"五四"制两种选择："六三"与"五四"制初中的教学内容在要求上基本相同。并且在初中阶段设置了带"＊"的选学内容。"92 大纲"在 2000 年做了修订，2000 年 3 月教育部（1998 年 3 月，国家教育委员会更名为中华人民共和国教育部）颁布了《九年义务教育全日制初级中学数学教学大纲（试用修订版）》（简称"00 初中大纲"）。

教材编写方面，1988 年 8 月，国家教育委员会印发《九年制义务教育教材编写规划方案》的通知，提出用四五年时间逐步编写以下四种不同类型教材：达到九年制义务教育教学大纲规定，面向全国大多数地区适合一般水平学校使用的"六三"制教材；达到九年制义务教育教学大纲规定，面向全国大多数地区适合一般水平学校使用的"五四"制教材；适当高于九年制义务教育教学大纲规定，面向经济文化比较发达地区和办学条件较好的小学和初中选用的教材；基本上达到九年制义务教育教学大纲规定，面向经济文化基础比较薄弱的边远地区，以及办学条件较差学校使用的小学和初中教材。每个类型还可以编写不同风格、不同特色的教材，以上四种类型教材中，既可有成套的教材，也可有单科的教材。

国家教委委托一些机构和单位根据《九年制义务教育教材编写规划方案》（简称"编写规划"）以及《教学计划》和各学科教学大纲（初审稿）编写义务教育试验教材。与此同时，国家教委还指定浙江省编写面向农村为主的义务教育课程教材（包括教学计划、教学大纲和教材），指定上海编写面向沿海发达地区、面向城市的义务教育课程教材（包括教学计划、教学大纲和教材）。为此，浙江省制定了《义务教育各科教学指导纲要》，上海市制定了《义务教育课程标准》，并于1991年3月经国家教委审查通过。这样，当时全国九年制义务教育的数学教学大纲就有三种，并且编写出版了不同类型的教材，已经形成了"多纲多本"的局面。

此期编写出版的教材主要有：人民教育出版社编写出版的"六三"制和"五四"制教材，北京师范大学编写、北京师范大学出版社出版的"五四"制教材，广东省教育厅和华南师范大学合作编写、广东教育出版社出版的"六三"制教材，四川省教委和西南师范大学合作编写、西南师范大学出版社出版的"六三"制教材，八所高师院校协作编写委员会编写、西南师范大学出版社出版的"六三"制教材，河北省教育科学研究所编写、河北教育出版社出版的面向农村小学复式教学的教材，上海市教育局组织编写、上海教育出版社出版的面向发达地区城市的九年制中小学教材，浙江省教委组织编写、浙江教育出版社出版的面向以农村为主的"五三"制和"六三"制教材。

除了上述8套教材中的初中数学教科书外，还有项武义发起的《中学数学实验教材》中的初中部分和初中数学自学辅导教材，也通过了全国中小学教材审定委员会的审查，作为义务教育阶段初中数学教材使用。

上述教材在实验区实验的基础上做了修改，经全国中小学教材审定委员会数学学科审查委员会审查通过，自1993年秋季开始陆续在全国使用。

（二）试验综合化高中数学课程

义务教育数学课程于1993年秋季在全国实施后，国家教委于1993年10月成立了普通高中新课程计划制订工作小组，起草《全日制普通高级中学课程计划（试验）》，并委托人民教育出版社负责起草与高中课程计划配套的教学大纲。人民教育出版社中学数学室吸收大、中学教师和中学教研人员一起参与了大纲起草工作，数学大纲的起草工作从1994年开始，到1996年形成初审稿，由国家教委以《全日制普通高级中学数学教学大纲（供试验用）》（以下简称"96大纲"）的名称颁布，此大纲是与九年义务教育的"92大纲"相衔接的高中数学教学大纲。

"96大纲"与此前的"86大纲"相比，在高中数学中新增加了一些内容，这些内容主要分布在简易逻辑、平面向量、概率统计初步知识和微积分初步知识中。对于高中立体几何提供了两种方案：一种是综合几何方法处理——大纲中的9（A），一种是向量几何方法处理——大纲中的9（B）。该大纲中，高中数学课程包括必修课程、限定选修课程和任意选修课程，必修课程在高中一、二年级开设，限定选修课在高中三年级开设，分为理科、文科和实科3种水平，在数学课程中还设置了任意选修课。该大纲对高中数学课程内容要求实行混编。

"96大纲"在经过3年试验之后，在2000年做了修订。2000年3月教育部颁布了《全日制普通高级中学数学教学大纲（试验修订版）》（简称"00高中大纲"）。人民教育出版社依据"96大纲"编写了《全日制普通高级中学教科书（试验本）数学》，一共有7册。其中第一、二册是必修课本，分别供高一、高二学习。第一、二册都分成上、下分册，第二册下册还分成第二册（下A）与第二册（下B）两种版本，分别对应大纲中的9（A）、9（B）两种方案。第三册是限定选修课本，在高三学习，有理科限选和文科、实科限选两种版本。

这套实验教材改变了以往将代数、立体几何、平面解析几何和微积分初步等分科编排的做法，将精选出的各种数学知识综合为一门数学课程，教材力求考虑数学内容各部分知识的逻辑性和系统性，按照知识系统和认知过程相结合的思想来安排教学顺序。这套教材自1997年秋季开始在天津、江西、山西两省一市进行试验，后来逐步在全国推广使用。2000年根据"00高中大纲"对教材进行了修订。总之，这一时期，根据时代发展对人才素质提出的新要求，在数学课程的内容体系方面又进行了一次新的探索和尝试，在探索与创新中尝试建立中国特色的数学课程体系。在义务教育阶段，试验了多元化的数学课程，制定了面向不同地区、不同要求的三种大纲，编写了"8套半"实验教材。从1993年起全国形成了"多纲多本"的教材多元化局面。义务教育初中数学课程仍然采用分科编排的方式。从1997年起开始进行与义务教育数学课程相衔接的普通高中数学课程试验，高中数学课程实行全国统一大纲、统一教材，高中数学教材采取了综合编排方式。在这一时期，还成立了全国中小学教材审定委员会，由国家教委颁布教学大纲，鼓励各地自编教材，因地制宜，最后由审定委员会审定，所有这一切对数学课程体系新的探索和尝试，为此后新一轮基础教育课程改革奠定了基础，积累了经验。

三、初步形成中国数学课程体系时期（2001—2010）

在20世纪末，中国启动了新一轮基础教育课程改革，初步建立了中国数学课程体系新一轮基础教育课程改革中的数学课程改革，与 1949 年以来的历次数学课程改革相比，在设计和实施层面都有新的突破。例如，以学生发展为本的课程目标取向、突出选择性的课程结构、综合化与模块化的课程组织形式、以主线统整课程内容的设计思路、对"双基"和"能力"的拓展等，都是数学课程设计层面创新的体现。

基础教育数学新课程的研制与实验分阶段进行，先进行义务教育数学新课程的研制与实验，接着进行高中数学新课程的研制与实验。

（一）研制和实验义务教育数学新课程

1999 年 3 月，国家义务教育数学课程标准研制小组（以下简称"课标研制组"）成立，刘坚担任"课标研制组"组长。"课标研制组"成立后，经过专题研究、综合研究、标准起草和修改初稿四个阶段，形成了《义务教育阶段国家数学课程标准（征求意见稿）》。

2000 年 6 月教育部正式立项启动了基础教育各学科课程标准的研制工作，"课标研制组"与其他学科课标研制组一起开展了为期一年的课标研制工作，2001 年 7 月在《义务教育阶段国家数学课程标准（征求意见稿）》的基础上，完成了《义务教育数学课程标准（实验稿）》（以下简称"01 标准"），"01 标准"由教育部颁布，在全国开展实验。

"01 标准"包括四部分内容：前言、课程目标、内容标准、实施建议。"01 标准"的"前言"部分，从六个方面阐述了数学课程的基本理念，将 9 年的学习时间划分为三个学段（一至三年级为第一学段，四至六年级为第二学段，七至九年级为第三学段），统一规划和设计课程内容，对表达课程目标的行为动词进行了界定与说明，对通过数学课程的学习在学生身上形成的能力与素养（六个核心概念）做了阐述；课程目标部分，从知识技能、过程与方法、情感态度价值观三个维度表述了课程的总目标与学段目标；内容标准部分，将数学课程内容分为"数与代数""空间与图形""统计与概率""实践与综合应用"四个领域，采用"学段+领域"的方式表述内容标准；实施建议部分，包括教学建议、评价建议、教材编写建议、课程资源开发与利用建议，更多关注教师的教学方式、学生的学习方式、教材中知识的呈现方式和学生学业评价方式等问题，该部分还提供了典型案例，便于使用者准确理解数学课程标准，减少标准在实施过程中的衰减。

"01 标准"在数学课程的内容设计方面，新增加了概率内容、实践与综合应用内容，拓展了统计内容，将统计与概率、实践与综合应用作为独立领域设置，对于传统的代数、几何内容采用了新的处理方式。例如，对于几何内容，采用实验几何与论证几何结合的处理方式，内容展开以实验几何为主，通过直观观察、画图、折叠等发现几何图形的性质与关系，在此基础上建立局部公理体系，选择已经发现的几何命题作为基本事实，来证明一些其他几何命题，同时渗透变换几何思想，通过变换来研究图形性质与关系。

在"01 标准"研制过程中和颁布后，先后有多家出版社申请立项，编写初中七至九年级的数学课程标准实验教科书。截至 2006 年，经全国中小学教材审定委员会审定通过的初中（七至九年级）数学课程标准实验教科书有 9 套。这 9 套初中数学教材均根据"01标准"编写，经全国中小学教材审定委员会审查后，自 2001 年秋季起，陆续在实验区选用。

（二）研制和实验普通高中数学新课程

2000 年 4 月，教育部成立高中数学课程标准研制组（简称"高中标准组"），北京师范大学的严士健教授、华东师范大学的张奠宙教授、首都师范大学的王尚志教授任研制组组长，"高中标准组"成员包括一线教师、教研员、数学教育研究者、数学家、教材出版部门人员、考试研究人员。

"高中标准组"成立后，确定了一些基础研究课题作为高中数学课程标准研制的子课题进行立项研究，经过基础研究、标准起草、征求意见、修改初稿、形成实验稿等阶段，历时 3 年完成了课程标准实验稿。教育部 2003 年 3 月正式颁布《普通高中数学课程标准（实验）》（简称"03 标准"）。

"03 标准"的结构与"01 标准"基本一致。"03 标准"从十个方面阐述了普通高中数学课程的十大理念，采用"必修课程+限定选修课程+任意选修课程"的结构设计数学课程；从基础知识和基本技能、基本能力、拓展能力、应用意识和创新意识、兴趣和态度、数学视野和理性精神六个方面阐述具体课程目标；按照必修课程五个模块、选修课程四个系列具体叙述了内容与要求；"实施建议部分"提出：以学生发展为本，指导学生合理选择课程、制订学习计划，重视对学生数学学习过程评价，重视对学生能力的评价，实施促进学生发展的多元化评价，提倡教材编写多样化，不同教材可以有各自的风格和特点。

"03 标准"中设计了必修、限定选修和任意选修三类课程，这与"96 大纲"一致。所不同的是，"03 标准"采用模块课程结构，以模块或专题的形式呈现内容，限定选修课程分文理两个方向，任意选修课程设计了两个系列 16 个专题内容，比以往更加丰富。内容方面，必修与限定选修课程中新增加了算法、框图、统计案例等内容，任意选修的 16个专题中绝大部分是新增加的，还增加了数学建模与数学探究、数学文化的内容，立体几何、解析几何内容分布在必修与选修 1、2 中，对于选修 2 中的立体几何采用向量几何的处理方式，加强了概率与统计的内容。

2003 年 6 月，高中新课程标准实验教材的立项、编写工作正式启动。一些出版社通过审批立项，组织数学专家、数学教育专家、编辑出版行业专家开始编写高中新课程标准实验教科书。截至 2006 年，经全国中小学教材审定委员会审定通过的普通高中数学课程标准实验教科书有 6 套。这 6 套教材，均根据 "03 标准" 编写，全国中小学教材审定委员会审查后，自 2004 年秋季起，陆续供实验区选用。总之，21 世纪初进行的数学课程改革，确立了以人为本的理念，在数学课程研制方面形成了课程标准文本研制的工作范式（专题研究—综合研究—起草初稿—修改初稿—形成终稿）和课程标准的表述范式（课程性质→基本理念→课程目标→课程内容（内容标准）→实施建议）；在课程结构方面，义务教育阶段采用 "学习领域+学段" 的形式，高中采用 "必修+选修" 框架下的模块化课程形式，形成了综合化和选择性的课程结构；在课程内容方面体现了时代性、基础性、普及性、发展性和选择性；在教材开发方面，形成了 "一纲多本" 的教材多元化格局，这标志着中国已经初步建立了有自己特色的数学课程体系。

四、完善数学课程体系时期（2011—现今）

（一）修订义务教育数学课程

"01 标准" 及教材在实验过程中，学术界出现了一些不同看法。2005 年 3 月的全国两会期间，多名人大代表议案、政协委员提案要求停止数学课程标准的实验工作，有关提案人呼吁：数学课程标准破坏了上千年的数学体系，教师不好教、学生不好学，数学教学质量严重下降。为回应来自数学界的意见，教育部重新组建数学课程标准修订工作组（简称修订组），着手修订义务教育阶段数学课程标准修订组的组长由东北师范大学校长史宁中教授担任，修订组的成员由 6 位数学教授、5 位数学教育教授、1 位数学教研员、2 位数学教师，共 14 人组成。

修订组成立后，首先在全国范围内对 "01 标准" 的实施状况进行了调查研究，并对国际数学教育改革新进展做了分析和研究。在此基础上，提出修改思路，经过多次研讨和广泛征求意见，最终完成了《义务教育数学课程标准（修订稿）》。2011 年 12 月，教育部正式颁布时采用《义务教育数课程标准（2011 年版）》（简称 "11 标准"）的名称。

针对学界对 "01 标准" 的一些质疑和教师理解上的一些疑虑，"11 标准" 在语言表述和内容体系两方面做了修订。"11 标准" 的基本理念与 "01 标准" 基本一致，但在表述方式上做了一些调整。例如，针对学界对 "01 标准" 中的数学定义的质疑，"11 标准" 对数学定义做了重新的表述；针对教师 "数学新课程能否采用讲授式教学方式" 的疑虑，"11 标准" 在教学理念部分提出 "认真听讲、积极思考、动手实践、自主探索、合作交流等，都是学习数学的重要方式"，明确了讲授式（教师讲授，学生认真听讲、独立思考）

是数学教学的重要方式之一。"11 标准"对"01 标准"中表达学生能力与素养的六个核心词扩展为十个，并对这十个核心词的含义做了阐释。

"11 标准"对课程目标的表述做了较大调整。针对"01 标准"实施过程中，教师对"双基"地位、过程目标的价值等方面认识上存在的疑虑，"11 标准"明确提出"四基"（数学的基础知识、基本技能、基本思想和基本活动经验）"四能"（发现与提出问题的能力、分析与解决问题的能力）的目标要求。"01 标准"把经历过程作为目标，在实施过程中教师对于为什么要经历过程、经历过程要干什么存有疑虑，"11 标准"明确提出经历过程就是要积累数学活动经验、感悟数学思想，就是要发现问题、提出问题。因此，"四基""四能"既体现结果性要求，也体现过程性要求，表明课程目标中的过程与结果要求同等重要，使得结果目标和过程目标的关系以及培养学生创新意识和能力的要求更加明晰。

"11 标准"在内容安排上也做了一些调整，对概率的内容后移一个学段，统计的部分内容也后移，对几何内容采取论证几何与实验几何结合，按论证几何展开的体系，对于大部分几何命题要求先探索发现，再进行证明，在实施建议部分，对教师的角色和师生关系做了更加清晰的描述。这些变化，使得标准的要求更加清晰准确，更加符合教学实际。

"11 标准"颁布后，各教材编写机构根据"11 标准"修改教材，经全国中小学教材审委员审查后于 2012 年秋季起在起始年级使用。

（二）修订普通高中数学课程

2014 年教育部全面启动了普通高中课程标准的修订工作，这次普通高中课程标准修订旨在贯彻落实"立德树人根本任务"，解决高中数学课程实验中出现的问题，与高考改革配套。为了贯彻落实党的十八大提出的"把立德树人作为教育的根本任务"的精神，教育部印发了《关于全面深化课程改革落实立德树人根本任务的意见》，指出学校课程是落实立德树人根本任务的主要抓手，而现行高校和中小学课程改革从总体上看，整体规划、协同推进不够，与立德树人的要求还存在一定差距。因此，要通过深化课程改革，切实解决影响立德树人效果的问题。"立德树人"是宏观教育目的的体现，需要具体化才有利于在学校课程中落实。为此，该文件中提出要研究制定学生发展核心素养体系，并将其作为深化课程改革的首要措施，学生发展核心素养是"立德树人"的具体化，是学校课程的总目标，普通高中所有学科课程都应为该目标的达成做出学科的贡献。因此，高中课程标准修订要求每个学科将学生发展核心素养落实在学科课程中，提炼学科核心素养，基于学科核心素养来设计课程。

普通高中数学课程标准修订组组长为东北师范大学史宁中教授和首都师范大学王尚志教授，成员包括：一线教师、教研员、数学教育研究者、数学家、教材出版部门人员，共

15 人，修订组历经 4 年时间，完成"普通高中数学课程标准修订稿"。2017 年底，教育部正式颁布时采用《普通高程标准（2017 年版）》（简称"17 标准"）的名称。"17 标准"与"03 标准"相比，使用了数学学科核心素养的话语体系表述课程标准，增加了学业质量标准，在课程理念、课程目标、课程结构、课程内容、实施建议等方面都有变化和调整。提炼和表述数学学科核心素养对修订组富有挑战性，修订组在学习研究学生发展核心素养及其表现指标的基础上，明确了与数学学科密切相关的核心素养和指标，结合数学学科特点和高中教育的定位，提出：数学核心素养是高中数学课程的终极目标，体现了数学学科的独特育人价值，其表现是"三会"，即会用数学的眼光观察现实世界，会用数学的思维思考现实世界，会用数学语言表达现实世界。考虑到数学课程目标表达的历史传统，经过多次研讨和反复论证，将"三会"进一步具体化，即数学的眼光具体表现为抽象和直观，数学的思维具体表现为推理和运算，数的语言具体表现为模型和数据。最后将高中数学学科核心素养表述为：数学抽象、逻辑推理、数学建模、直观想象、数学运算、数据分析。基于数学学科核心素养及其水平划分制定学业质量标准，确定数学课程目标、结构与内容，提出数学课程实施建议。

"17 标准"从素养、课程、教学、评价四方面阐述了课程理念，从"四基""四能""大数学学科核心素养""一般素养"四个层次表述课程目标，体现了结果性与过程性要求的统一和对学生核心素养发展的整体要求。针对"03 标准"实施过程中出现的问题，"17 标准"对课程结构、课程内容、实施建议等做了调整和修改，例如，针对模块课程结构带来的"课程内容之间逻辑联系割裂"问题，"17 标准"按照"函数""几何与代数""统计与概率""数学建模与数学探究活动"四条主线组织课程内容；针对"课程内容偏多学生学习负担太重"的问题，"17 标准"减少了课程内容；针对"高中数学课程与初中学段衔接不够"的问题，"17 标准"在必修课程中设置了预备知识，作为初高中过渡的内容；针对"数学建模与数学探究活动落实不到位"的问题，"17 标准"将数学建模与数学探究活动作为课程内容的一条主线，且在 3 类课程中都设置了数学建模与数学探究活动的内容，并安排专门的课时；针对"选择性与学生未来发展联系不紧密"的问题，"17 标准"分类设置了选修课程，将选修课程定位于为学生确定发展方向提供引导，为学生展示数学才能提供平台，为学生发展数学兴趣提供选择，为大学自主招生提供参考。"17 标准"在实施建议部分提出：整体把握数学课程，采用主题或单元教学的方式来设计和实施教学，落实发展学生核心素养的要求，并对学业水平考试和高考命题提出了建议。

与"03 标准"相比，"17 标准"的主要变化有：提炼了学科核心素养，优化了课程结构，更新了课程内容，研制了学业质量标准，增强了指导性，在课程标准文本的结构、内容、表述等方面有一定创新，既符合中国实际，又具有国际视野。特别是，先提炼学科核心素养,再基于学科核心素养确定课程目标、选择课程内容、提出课程实施建议的课程设计操作流程,将以学生发展为本设计课程的理念落到实处,为今后课程标准的修订提供了范例。

总之,2011 年以来,通过义务教育和高中数学课程标准的修订,对数学课程实施中出现的问题进行了反思,数学课程的性质、理念、结构、目标、内容、实施、选择性等方面的研究进一步深入,课程标准文本研制与表述更加规范,数学教材的编写更加成熟,数学课程的特色更加明晰,数学课程体系得到进一步完善。

第三节 中学数学课程发展特征

一、数学课程目标发展的特点

数学教学大纲或数学课程标准文本中陈述的数学课程目标可分为总目标、学段目标、科目目标、单元目标、具体知识目标等不同层次,将这些不同层次课程目标构成的系统称之为课程目标体系。数学课程目标的内容基本上包括三个方面:知识技能目标、能力(包括基本能力、拓展能力)目标、情意(包括意识、观念、态度等)目标。不同数学教学大纲或数学课程标准文本中,对数学课程目标的表述虽然各有侧重和差异,但基本上围绕这三个方面展开。

(一)数学课程目标体系发展的特点

"78 大纲"在"教学目的"部分陈述了中学数学教学的目的,即总目标。在"教学要求和教学内容"部分,分别阐述了初中、高中阶段的教学要求,即学段目标,基于混编课程的要求,"78 大纲"没有科目目标。"78 大纲"中课程目标体系为:总目标→学段目标。

"86 大纲"在"教学目的"部分陈述了中学数学教学的目的,即总目标,在"教学要求和教学内容"部分,按学段分别陈述了初中阶段代数、几何的教学要求,高中阶段代数、立体几何、平面解析几何的教学要求,即采用"学段+科目"的形式表述目标,在各科目教学内容部分的每一个单元(知识块)之后,陈述对该单元的具体要求,即单元目标。所以,"86 大纲"中课程目标体系为:总目标→(学段+科目)目标→单元(知识块)目标。"92 大纲""96 大纲"中课程目标体系与"86 大纲"相同。

"01 标准"将义务教育阶段分为三个学段,在"课程目标"中阐述了总体目标和学段目标,在"内容标准"中分学段按"数与代数""空间与图形""统计与概率""实践与综合运用"四个领域陈述各领域目标和领域下的知识单元目标。"03 标准"采用必修+选修+系列+模块的课程结构，因此在"内容标准"中对于不同模块和系列分别陈述模块或系列目标，在模块、系列目标下陈述单元（知识块）目标。所以，"01/03 标准"中课程目标体系为：总目标→学段目标→知识领域（系列、模块）目标→单元（知识块）目标。

"11 标准"课程目标体系与"01 标准"大体相同。"17 标准"按照主线设计课程内容，主线下有主题，主题下有单元，单元下有知识块，在课程目标部分陈述了课程总目标，每个主题后以学业要求的形式陈述主题目标，每个单元先陈述单元目标，再按照知识块呈现具体内容的目标。所以，"11/17 标准"中课程目标体系为：总目标→学段目标→知识领域（主题）目标→单元目标→知识块目标。

中国中学数学课程目标体系经过 40 多年的不断补充和完善，由原来的"一般目标"发展成为"一般目标和具体目标相结合"的体系，形成了一个多方面、多层次、宏观与微观相结合的比较完善的目标结构体系。在课程目标表述的方式上，形成了一定的规范，如用"了解""理解""掌握""运用"等表示程度的动词刻画目标，并清晰地界定各个动词的含义和所表示的层次，这是中国数学课程发展过程中积累的有益经验。

（二）数学课程目标内容发展的特点

"78 大纲"中的教学目的是：使学生切实学好参加社会主义革命和建设，以及学习现代科学技术所必需的数学基础知识；具有正确迅速的运算能力、一定的逻辑思维能力和一定的空间想象能力，从而逐步培养学生分析问题和解决问题的能力，通过数学教学，向学生进行思想政治教育，激励学生为实现四个现代化学好数学的革命热情，培养学生的辩证唯物主义观点。该教学目的中，只有基础知识目标，没有基本技能目标。继承了"63 大纲"中"三大能力"的提法，将"三大能力"表述为正确迅速的运算能力、一定的逻辑思维能力和一定的空间想象能力。在基本能力基础上，提出了分析问题和解决问题的能力，这是一种拓广能力。情意目标方面，提出了激励学生为实现四个现代化学好数学的革命热情，培养学生的辩证唯物主义世界观，但仍然没有数学情意内容，其内容框架为：基础知识+基本能力+拓广能力+一般情意。

"86 大纲"中的教学目的是：使学生学好从事社会主义现代化建设和进一步学习现代科学技术所必需的数学基础知识和基本技能，培养学生的运算能力、逻辑思维能力和空间想象能力，以逐步形成运用数学知识来分析和解决实际问题的能力。要培养学生对数学的兴趣，激励学生为实现四个现代化学好数学的积极性，培养学生的科学态度和辩证唯物主义的观点。该教学目的中，增加了数学基本技能目标和培养学生数学学习兴趣的数学情意目标，内容更为完善，其内容框架为：基础知识+基本技能+基本能力+拓广能力+数学情意+一般情意。"92 大纲""96 大纲"中课程目标的内容框架与"86 大纲"一致。

"01 标准"中的课程总体目标为：获得适应未来社会生活和进一步发展所必需的重要数学知识（包括数学事实、数学活动经验）以及基本的数学思想方法和必要的应用技能；初步学会运用数学的思维方式去观察、分析现实社会，去解决日常生活中和其他学科学习中的问题，增强应用数学的意识；体会数学与自然及人类社会的密切联系，了解数学的价值，增进对数学的理解和学好数学的信心；具有初步的创新精神和实践能力，在情感态度和一般能力方面都能得到充分发展。该课程目标中，对基础知识做了拓展，包含数学活动经验在内，增加了数学思想方法的要求，在课程目标的具体阐述中包括形象思维能力、推理能力（合情推理能力、演绎推理能力）等要求，拓广能力包括提出、分析、解决问题的能力等，拓广了数学情意，包括对数学的好奇心、求知欲、成功体验、自信心，对数学价值的认识等；一般情意进一步具体化，包括评价反思的意识，实事求是的态度，批判质疑、独立思考的习惯，创新精神；等等。

"03 标准"在课程总目标中明确提出"使学生在九年义务教育数学课程的基础上，进一步提高作为未来公民所必要的数学素养，以满足个人发展与社会进步的需要"。在基础知识和基本技能方面注重"了解数学概念、数学结论产生的背景、应用，体会其中所蕴含的数学思想和方法"，基本能力明确为"空间想象、抽象概括、推理论证、运算求解、数据处理"，拓展能力包括"提出、分析和解决问题的能力，数学表达和交流的能力，发展独立获取数学知识的能力"，数学情意方面强调"崇尚数学的理性精神，体会数学的美学意义""发展数学应用意识和创新意识"，一般情意上强调"批判性思维习惯""钻研精神""科学态度""辩证唯物主义和历史唯物主义世界观"等。

"01/03 标准"中课程目标的表述虽然也采用"基础知识+基本技能+基本能力+拓广能力+数学情意+一般情意"的框架，但是，对于其中一些要素做了拓展，使得课程目标的内容更加丰富全面。

"11 标准"对"01 标准"中的课程总目标做了修订，明确提出"四基""四能"目标，将"01 标准"中的四条总目标整合为三条："四基""四能""情意"。"四基""四能"目标既体现结果性要求，也体现了过程性要求，在情意目标部分体现了情感态度价值观的要求，在总目标具体阐述中提出了数感、符号意识、空间观念、几何直观、运算能力、数据分析观念、推理能力、模型思想、创新意识、应用意识等数学核心素养。

"17 标准"中的课程目标从"四基""四能""六个数学学科核心素养""一般素养"四个层次表述课程目标。学生的数学学习活动主要包括学习数学和应用数学两个方面，学习数学不能只学习结论，还要注重结论的发现与探究过程；应用数学主要是应用数学解决问题，解决问题不能只是解决现成的问题，还要关注发现问题、提出问题等问题形成的过程，"四基""四能"体现了结果与过程的要求。在学习数学和应用数学的过程中形成数学学科六个核心素养，这些数学学科核心素养对学生一般核心素养（学会学习、健康生活、人文底蕴、科学精神、责任担当、实践创新）形成的贡献即为课程目标中的一般素养。例如，提高学习数学的兴趣、增强学好数学的自信心、养成良好的数学学习习惯、发展自主学习的能力体现了学会学习，树立敢于质疑、善于思考、严谨求实的科学精神体现了科学精神，不断提高实践能力、提升创新意识体现了实践创新，认识数学的科学价值、应用价值、文化价值和审美价值体现了人文底蕴。

"11 标准""17 标准"对课程目标内容的表述框架做了调整，可以概括为：四基+四能+素养。素养目标是能力目标、情意目标的概括和融合。

通过代表性文本中课程目标内容的分析可以发现：中学数学课程目标在演变过程中，经历了从"双基"到"四基"、从"两能"到"四能"、从"三大能力"到"五大能力"、从"能力、情意"到"素养"，其内涵不断明晰、丰富和完善的过程，从起初只注重知识目标和技能目标发展成为涵盖知识、技能、能力、情意、素养等多个维度的更为全面的目标群体。

二、数学课程内容发展的特点

（一）函数的地位越来越突显已成为数学课程内容的主线

"82 大纲""86 大纲""92 大纲"等采用分科方式呈现课程内容，初中分为代数、几何，高中分为代数、立体几何、平面解析几何、微积分初步等，函数概念及性质、基本初等函数等内容安排在代数中。"78 大纲""96 大纲"采用综合的方式呈现课程内容，提出将代数、几何、三角、微积分、概率统计初步的内容综合为一门课程，函数内容分散安排在不同学段和年级中。"01 标准""11 标准"按四个领域呈现课程内容，函数作为初中学段"数与代数"领域的一个主题来呈现。"03 标准"也采用综合方式呈现课程内容，但函数作为课程内容的一条主线隐含在相关模块和专题中。"17 标准"提出"优化课程结构，突出主线，精选内容"的课程理念，在课程结构和内容设计中，把函数作为一条内容主线贯穿在必修、选择性必修、选修课程中，高中数学课程中把函数作为一条主线，把函数概念、性质、基本初等函数、微积分初步的内容联通起来，上通大学的分析学，下接初中数学与代数领域的函数主题，凸显了函数的地位和重要性。

（二）多视角研究几何问题让几何与代数的融合成为趋势

中学数学课程中的几何包括平面几何、立体几何、平面解析几何，对于平面几何，

"01 标准"之前的大纲与教材中都采用综合几何（欧氏几何或论证几何）的方式呈现内容。"01 标准"中在"空间与图形"领域，设置了图形的认识、图形与变换、图形与坐标、图形与证明四个主题，平面几何内容的呈现以直观几何为主，前三个主题基本上采用直观几何的方式，通过直观观察、画图、折叠等活动探索发现几何图形的性质，在探索过程中说明道理，对于发现的图形性质没有在公理体系下给出严格的证明。在图形与证明主题，对前面通过直观几何方法发现的几何命题进行整理，选择其中的七个命题〔平行线的性质与判定（同位角）、三角形全等的性质与判定〕作为基本事实，建构局部公理系统来证明有关平行线、三角形、四边形的性质与判定的命题。"11 标准"对平面几何的呈现方式做了调整，将图形与证明、图形的认识合并为图形的性质，设置了图形的性质、图形的变化、图形与坐标三个主题，平面几何内容的呈现以论证几何为主，图形的性质采用论证几何的方式展开，在引入几何概念的过程中引出基本事实，对于几何图形的性质要求探索发现后即给出证明（证明的依据是基本事实和根据基本事实证明的定理），即边发现边证明。"11 标准"中选择的基本事实有九条，这与以往平面几何中的公理一致。"01/11 标准"中都设置了从变换的视角研究图形的主题，也设置了通过坐标研究几何图形的主题，渗透了变换几何、解析几何的思想。

对于立体几何，"96 大纲"之前都采用综合几何的方式呈现，"96 大纲"中提出了综合几何、向量几何两种处理方式供选择。"03 标准"中将立体几何分为两部分：立体几何初步、空间向量与立体几何。立体几何初步包括空间几何体点、线、面之间的位置关系，安排在必修课程中；空间向量与立体几何主要包括空间向量的概念与运算，用空间向量及其运算刻画点、线、面之间的位置关系，研究夹角、距离等问题。"17 标准"沿用了这种处理方式。

"17 标准"中，将几何与代数作为一主线，体现了几何与代数的融合，从传统的高中数学课程内容来看，函数是代数的主要内容，函数从代数中分离后，代数的内容主要有向量、复数、矩阵、行列式、线性方程组等，向量既是代数研究对象，又是几何研究对象，是沟通代数与几何的桥梁，矩阵、行列式、线性方程组与向量的运算与表示密切相关，三维空间的向量代数可以刻画三维空间的整体结构，通过向量代数可以表述各种运算的几何背景，将矩阵、行列式、线性方程组等统整在向量运算与表示中，实现几何与代数的融合。综上可以看出，中学数学课程中的平面几何由论证几何为主到直观几何为主再到论证几何与直观几何结合，空间几何由论证几何到向量几何与论证几何的融合，直观几何、变换几何、解析几何、向量几何与论证几何的观点在几何课程中都有体现，几何与代数的融合成为课程发展的趋势。

（三）统计概率成为独立领域/主线，其内容逐渐增加

"78 大纲""86 大纲"中，初中设置统计初步，内容主要包括：总体和样本、频率分布、样本均值、样本方差和样本标准差。高中设置概率，内容主要包括：事件的概率，等可能事件的概率，概率的加法、乘法，独立重复试验的概率。"86 大纲"中高中概率成为选学内容。

"92 大纲"中，初中统计初步有所加强，增加了众数、中位数以及通过收集、整理、分析数据的方法解决问题的实践作业等。在必修课程中设置了概率，内容与"78 大纲""86 大纲"基本一致，在理科的限定选修课程中设置了概率与统计，内容包括：离散型随机变量的分布列；随机变量的期望和方差、连续性随机变量的概率密度、抽样方法、用样本方差估计总体方差、用频率分布估计总体分布、累积频率分布。在以上大纲中，统计、概率的内容都归在代数中。

"01 标准"中，将统计与概率作为独立领域设置，初中阶段既有统计也有概率，统计强调用统计方法解决问题的全过程，对统计图表、统计量的要求更加详细明确；概率包括简单事件发生的概率的计算、用频率估计概率等。"11 标准"中，对"统计与概率"领域的内容做了调整，将小学的一些内容后移到初中，统计部分增加了中位数、众数以及根据结果做出预测等内容，强调统计方法解决问题的过程和对统计量意义的理解。

"03 标准"在必修课程中设置了统计、概率的内容。统计内容包括：随机抽样、用样本估计总体、变量的相关性。概率内容与"78 大纲""86 大纲"基本一致。在选修 1、2 课程中，设置了四个统计案例（独立性检验、假设检验、聚类分析、线性回归），在选修 2 课程（理科方向）中，设置了概率，内容包括：离散型随机变量的分布列，超几何分布，二项分布，离散型随机变量的均值、方差，正态分布等。"17 标准"将统计与概率作为一条内容主线，贯穿在三类课程中，增加了一些新的内容，对原有的一些内容进一步细化、强化要求，例如，必修和选择性必修课程中增加和强化的内容有：样本点，有限样本空间，事件的运算，概率的性质，百分位数，全概率公式，贝叶斯公式，正态分布的均值、方差等。选修课程中的统计与概率内容均为新增加的内容。综上可以看出，中学数学课程中的统计与概率从最初作为代数的一部分内容，到从代数中独立出来，成为贯穿初高中数学课程的一条主线，统计与概率的内容也逐步增加，表明统计与概率在中学数学课程中的地位不断提升。这种变化体现了时代发展的要求和统计与概率学科的价值。

（四）"综合与实践""数学建模与数学探究活动"成为独立领域/主线且内容不断强化

"01 标准"之前的数学课程，虽然也强调要关注数学课程各部分内容的相互联系与数学知识的综合运用，但是没有具体内容作为载体来落实。"01 标准"中设置了实践与综合应用领域，在初中阶段突出课题学习，强调综合运用"数与代数""空间与图形""统计与概率"三个领域的数学知识解决问题，进一步加深对相关数学知识的理解，认识数学知识之间的联系。"11 标准"将原来三个学段中的实践活动、综合应用、课题学习统一为综合与实践，进一步强化了综合应用数学知识解决问题的要求。

"03 标准"中增加了数学探究、数学建模的内容，要求高中阶段至少应各安排一次较为完整的数学探究、数学建模活动，但是，由于数学探究与数学建模的内容没有单独设置，在实施过程中没有得到很好的落实。针对这种情况，"17 标准"将"数学建模与数学探究活动"作为课程内容的一条主线，且在三类课程中都设置了数学建模与数学探究活动的内容，并安排专门的课时，对数学建模与数学探究活动的要求也更具体、更清晰，更易落实。

综上可以看出，综合与实践、数学建模与数学探究活动已经成为数学课程的重要内容，得到应有的重视。

三、数学课程内容的选择性与组织方式演变的特点

课程的选择性是指课程在结构、内容与目标上所提供的，满足学生多样化需求的特征，课程的选择性可以从教学大纲（课程标准）和教科书两个方面来反映。从教学大纲（课程标准）的层面来看，课程的选择性体现在以下几个方面：在课程结构上设置必修课程与选修课程，或分类别设置课程；设置弹性化的选学内容；对同一内容提出不同层次的目标要求；教科书风格和内容的多样化等。

数学课程的编排方式，可以从宏观层面和微观层面进行分析，宏观层面是指数学课程内容的整体编排方式，基本上有两种：一种是分科编排，即主要根据中学数学各分科内部的联系，组织课程内容，各分科自成体系；另一种是混合编排（或称综合编排），即主要根据中学数学各分科之间的联系，组织课程内容，将各分科的内容混编在一起。微观层面是指各分科内容或某些知识领域内容的处理方式。

通过对数学教学大纲和教科书中所体现的选择性和内容编排方式的分析，对中国中学数学课程的选择性和内容编排可以得出以下结论。

"78 大纲"及其之后的教学大纲中，基本都设置了选学内容来体现选择性。在"78 大

纲"中设置了用"＊"标记的选学内容；在"82 大纲"中既分类别设置了课程，同时还设置了选学的内容；在"86 大纲"中取消了分类设置课程，只设置了一些用"＊"标记的选学内容。初中的"92 大纲"中，设置了标注"＊"的选学内容，与"92 大纲"衔接的高中"96 大纲"设置了必修课程、限定选修课程和任意选修课程，限定选修课程分理科、文科、实科三种水平，按类别设置；同时在必修课程中，对于立体几何内容，提供了 A、B 两种方案供选用。在"82 大纲"和"96 大纲"中，对高中数学课程采用必修、选修的课程结构，并分类设置了数学课程。"01 标准"的内容没有选择性，"11 标准"中设置了选学内容，"03 标准"也采用了必修、选修的课程结构，并分类设置数学课程。"17 标准"中的选择性更加完善。可见数学课程结构与内容的选择性，是中国数学课程发展的一个趋势。

1978—1982 年数学教科书实行了统一编写和供应，全国使用"一套"教科书，自 1983 年起，初中数学教科书实行全国"一套"教科书，高中数学教科书出现"甲种本"和"乙种本"。1986 年以后，教科书又恢复了全国"一套"的情况。1986 年教科书实行审定制，自 1988 年起国家教委规划编写义务教育阶段的 8 套初中数学教科书，实现了初中数学教科书的多元化，而高中数学教科书，则一直是全国统一编写和供应，一直延续到 2004 年。2001 年实施的新一轮基础教育数学课程改革中，实行教科书多样化，初中数学教科书通过全国中小学教材审定委员会审定的有 9 套，高中数学教科书通过全国中小学教材审定委员会审定的有 6 套。中学数学教科书的多样化使中学数学课程的选择性大大增强。对于课程内容编排方式，"78 大纲"要求采用综合编排，"86 大纲"改为分科；"92 大纲"初中采用分科，"96 大纲"又采用综合编排。在"01 标准"之后，均采用综合编排的方式。可见中国数学课程内容的整体编排方式经历了由"混合→分科→混合"的循环式发展。在"96 大纲"之后，综合编排的方式稳定下来，综合编排的课程成为中国数学课程发展的一种趋势。

第四节　中学数学教育教学研究的背景

一、数学教育学科建设的需要

中国数学教育界早在 20 世纪 80 年代就提出创建中国特色的数学教育学，把数学教育作为一个独立学科来研究，建构数学教育学科体系。一些学者对建构数学教育学科体系提出了自己的观点。起初，提出把数学教育学作为高等师范院校的一门课程来建设，编写

《数学教育学》教材来替代传统的《中学数学教材教法》。后来，提出数学教育学是一个学科群，它是以数学、教育学、哲学、逻辑学、心理学为基础学科的新兴交叉学科，其应包含的分支学科有：数学教学论、数学课程论、数学学习论、数学评价论、数学教师论、数学方法论、数学教育史等。

30多年过去了，建构数学教育学科的问题至今尚未解决。与数学教育相关的学科都有其历史，例如数学史、教育史、哲学史、逻辑学史等。数学教育要成为一个独立学科，必须有自己的基本问题、有可以持续研究的方向、有自己的研究方法，也必须有自己的历史，即数学教育史。数学教育史的研究可以理清数学教育的基本问题与研究的方向、总结概括数学教育研究的方法。因此，数学教育史研究既是数学教育可以持续研究的方向，也是建构中国特色数学教育学科所必需的。但是，中国数学教育史的研究尚属鲜见。至今，数学教育史方面的著作也只有屈指可数的几本（如马忠林等编著的《数学教育史》、魏庚人等编著的《中国中学数学教育史》、李兆华主编的《中国近代数学教育史稿》），还没有较为系统和完整的中国数学教育史研究成果。

可见，研究中国数学教育史对于中国数学教育发展以及数学教育学科建设具有理论价值和意义。

由于中国数学教育源远流长，历史悠久，中国数学教育史研究的范围极为广泛。

考虑到史料收集的可行性以及历史研究的鉴今功能，本研究将选题的范围缩小为"中国当代中小学数学教育史"。

近年的研究认为，中国的近代数学教育始于1862年。1862—1911年，是中国数学教育的近代化时期，构成了中国古代数学教育与现代数学教育之间的转变与过渡。

中国的现代数学教育以辛亥革命（1911年）为界，1912年及翌年陆续公布的壬子癸丑学制，以及其后的数学教育的变化被视为现代数学教育的开端。20世纪，中国的近现代数学教育直到20世纪50年代末才开始探索中国数学教育的体系。因此，研究"中国当代中小学数学教育史"，更能反映中国数学教育的特征，发挥数学教育史研究的鉴今作用。

数学课程是数学教育的一条主线，尤其在中国当代，长期实行国家统一课程，数学课程在数学教育中的地位更加突现。已有数学教育史著作，也是以数学课程的发展变化为主线展开的。

在数学课程中，普通中学数学课程有着特殊的重要意义。这是因为，中学数学课程在数学课程中起着承上启下的作用。从学校系统和培养目标来看，对于升入大学学习的学生来说，中学是介于小学与大学之间的枢纽，它既是前者的延续，又是后者的准备；对于不升学的学生来说，它又是学生从学校走向社会的桥梁。从历史经验来看，无论是学制还是课程，变化最大、最经常的是普通中学。在各级各类教育中，课程问题最多、最难处理的也是普通中学。因此，中学数学课程史是中小学数学教育史中最基本和最重要的方面。

二、中国数学教育走向世界的需要

中国数学教育越来越受到国际数学教育界的重视，中国学者也期盼能够揭示中国数学教育的特点与规律，向世界展示中国数学教育的理论和实践成果。但是，这一任务复杂而艰巨，至今未取得令国人满意的成果。

在西方看来，中国的数学教学较为落后，但是中国学生在多次的大型国际测试（IAEP、TIM）中的数学成绩却名列前茅。这是中国数学教育引起国际重视的原因之一。对于这一现象，也有学者称为"中国学习者悖论"。"中国学习者悖论"是在当代中国与西方数学教育交流的过程中提出的，只有揭示中国数学教育的特征与规律，建构中国数学教育理论，才能使这一现象得到科学解释。而研究中国当代数学课程的发展理应成为一个重要视角。

中国数学教育的特征与中国传统文化和哲学思想密切相关。数学课程的发展受文化传统和哲学思想的影响，数学课程发展的历史必然反映出传统文化和哲学思想及其对数学教育的影响。因此，对我国中小学数学课程发展历史的研究有助于揭示中国数学教育的特征，建构中国数学教育的理论。

第二章 中学数学教学改革创新问题研究

随着教育体制改革的不断深入，我国的教学改革也取得了良好的进展，而对中学教师的教学水平也更高的要求。为了适应时代的发展，中学数学教学必须做出相应的改革与创新，更新教学观念和方式，提高数学教学水平，培养创新型人才。本章通过对中学数学改革现状的分析，探讨如何进行改革。

第一节 中学数学教学改革的必要性

近年来，我国中学教育正式进入"普及化大众教育"阶段，随着改革开放和社会需求的不断加深，有关教育部门已经开始意识到教育改革的必要性。所以很多中学纷纷开设了教育质量工程建设，在有关部门的监督下，反思自身对数学教育的不足，积极革新教育教学方式，改善教学质量，提高教学效率。中学数学作为高等教育重要的一环，能否对其进行行之有效的改革直接决定了教育体制改革的成功与否，也影响中学数学教育质量。

一、中学课程的适应性

我国中学数学教育中，其课程内容与中学教育具有很强的关联性。我国教育部门已经率先对我国中学数学教育体制进行了全面改革，我国中学数学教育新课程标准主要以"学生为中心"，全面实行素质教育，更改过去呆板的教育方式，创新教育内容、教学方法和教育评价体系，促进学生数学逻辑思维能力和发散性思维的建立。然而其后果是中学数学与数学教育严重脱节，在教育衔接方面，出现较大问题。我国中学课堂教学课程难度较大，且教学模式过于呆板，教学方法单一，在复杂的习题解答中，学生很难有学习积极性。长此以往，势必会影响中学人才培养的效果和质量。2016 年全国 35 所中学教育资料研究表明，当前中学数学教育总体趋向于理论化和抽象化，整体实用性较差，指导教师在课堂上教学重心偏向于解题技巧，忽视了数学模型建立、发散性思维培养的重要性。在实际教学中，只局限于少数几个困难知识点的学习和应用，内容不够全面，难以达到国家对中学素质教育的最新要求。[①]

二、教育深层次问题探寻

我国中学教学内容的脱节只是浅层次问题，在其背后，还有更深的教学问题，需要大力探寻。具体来说，我国中学数学教育深层问题有以下几个方面：首先是我国数学学科教学体系归属问题。我国大学对数学学科的院系划分通常归为基础院系序列，对于数学教学相关课程的构思以及后续教研活动，包括创新型活动大多局限于一个比较狭隘的范围内，和其他学院的研究性交流机会很少，所以很难针对学生专业特点从内容上进行重新学习规划，从而在一定程度上阻碍了中学数学教育的改革。我国中学教育的主要方式还是脱离不了"填鸭式教学"。在课堂授课中，老师是绝对的课堂核心，将课本上的指定内容，按照传统方式直接教授给学生，有些甚至是强行灌输给学生，而学生则完全处于被动接受的位置。学生很容易产生厌烦情绪，从而影响学生对课堂甚至数学学科的兴趣，最终影响教学质量。

第二节　中学数学改革的理论基础

搞教学改革，有满腔热情、有充沛的精力固然重要，但实践要靠理论来指导，才不致迷失方向。这一章简要谈谈中学数学教学改革的理论基础。

一、皮亚杰的理论和数学教学

著名的瑞士心理学家皮亚杰的理论认为，人类智力的发展是通过四个有顺序的阶段，按时间次序进行的。他发现这些阶段的次序在人们中间是不会改变的；然而，人们进入到每个更高阶段的年龄时，智力的发展则随着每个人特有的遗传特征和环境特点而改变。这四个阶段为感觉运动阶段、前运演阶段、具体运演阶段、形式运演阶段。皮亚杰同时又认为，发展的四个阶段，虽然在性质上是有顺序的，可是它们并没有限定的起点和终点。从一个阶段到下一阶段的进展，出现于一段时间里，而且每一个人在这一整个过渡里所显示出的更高级的智力过程的能力可能是被动的，甚至当一个人已经完成了从一个阶段过渡到另一个阶段以后，他也许仍然运用和早先阶段相联系的智力过程。所以每一个数学教师都应当熟悉皮亚杰的著作，并且应当把皮亚杰关于完成各种任务中所需要的智力准备的研究

---

① 宋子恒：《论中学数学教育改革与理性回归》，载《才智》2018年第20期，第65—66页。

成果应用于自己的教学中。

二、布鲁纳的"发现学习"理论

布鲁纳主张学习者自己发现教材结构，教师以生动活泼的系列提供教材。就是说，仅仅单纯地传递教材结构是不够的，重要的是进一步培养学习和探究的态度、推量和预测的态度、独立解决问题的态度。而要培养这种探究态度，最重要的条件恐怕就是培养发现的喜悦感。换言之，重要的是，发现以前未发觉的各种关系的法则性和各种观念的类似性，对自己的能力具有自信。

在发现学习中，师生处于协作关系，学习者展开能动的活动，学习者扮演积极的角色，有时甚至扮演主角，发现学习具有下述特点：（1）探究解决策略；（2）活用并组织信息；（3）灵活而执着的追求。"发现学习"理论对于当代数学课堂教学改革具有重大的启示性，它将改变多年以来的传统教育，将改变教师的教学理念、教学方式和学生的学习方式。

三、布卢姆的"掌握学习"理论

什么是掌握学习？布洛克（美国掌握学习学派的另一名著名代表人物）认为，它包含两个意思："首先，掌握学习是有关教与学的乐观主义的理论。实际上，这一理论主张任何教师都能帮助所有的学生很好地学习。其次，掌握学习是一套有效的个别化教学实践，它能帮助大多数学生很好地学习。"它表明在一门学科里，如对所有学生进行同样的教学、给予同等的学习时间，那么该学科学业成绩的最终分布将会是正态分布的。但如果教学与时间能适应每个学生的需要，学业成绩的分布将会是高态分布的。布卢姆强调指出，通过频繁反馈和按照每个学生的需要因人而异地帮其进行纠正，可以及时弥补和纠正群体教学所必然带来的不足与失误。这种以传统群体教学为基础、以反馈和个别纠正帮助为辅助的教学方法是掌握学习理论的基本策略，它反映了掌握学习的基本思想和特点。

四、维果茨基的"现有发展水平"和"最近发展区"理论

"现有发展水平"就是"一定的、作为儿童业已实现了的发展周期的结果形成起来的儿童心理机能的发展水平"。而所谓的"最近发展区"指的是儿童靠自己独立活动解决不了，但在成人的帮助下可以达到的发展水平。

维果茨基指出，如果把"教学要符合儿童的发展水平"仅仅归结为符合儿童的"现有发展水平"，从儿童的发展观点看，这种教学是"无效的"。"以业已完成的发展周期为目标的教学，从儿童的一般发展观点看，是无效的。这种教学并不是引导发展，而是追随

发展。"追随发展的教学是不会产生任何新的东西的。这种教学不过是消费着自发形成的学习可能性，"训练"业已形成的心理机能罢了。这样，教学与发展的关系无异于消费同生产的关系。维果茨基认为，教学的真正作用不在于"训练"业已形成的内部心理机能，他指出"只有走在发展前面的教学才是好的教学""教学的本质特征在于创造最近发展区这一事实""正确组织的教学应是儿童智力发展的先导，使之发生除了教学之外一般不可能发生的大量发展过程""发展的过程是沿着创造最近发展区的教学过程的轨迹前进的"。

五、元认知理论

元认知简单地说就是对认知的认知，也就是指我们对自己的认知过程的认识与控制，其实质就是主体对认知活动的自我意识和自我调节。大量心理学研究表明，一个人的思维水平、智力水平的高低，就是元认知水平的高低。从元认知的角度考虑，学习活动并不仅仅是对所学材料的识别、加工和理解的认知过程，而同时是一个对该过程进行监控、调节的认知过程。这一观点强调了要从过程的角度深入地分析学习活动，特别是该过程中主体积极监控、调节自身学习活动的思维过程。

六、建构主义理论

建构主义理论的基本观点：

1. 知识是在学习者头脑中被构造出来的。

2. 认识是个人独特构造活动的结果。

建构主义理论的内容十分丰富，但其核心只用一句话就可以概括：以学生为中心，强调学生对知识的主动探索、主动发现和对所学知识意义的主动建构（而不是像传统教学那样，只是把知识从教师头脑中传送到学生的笔记本上）。

用建构主义理论指导中学数学教学，教师必须转变传统的以教师讲解为主的教学观念，大胆把"给予"变为引导，让学生由被动接受变为主动参与，让学生充分展示自己，使学生在主动建构和掌握知识的同时掌握技能和发展能力。

第三节　中学数学改革的现状分析

一、中学数学教育中存在的困难和要求

在我们现阶段的数学教学过程中，大部分的教学模式还是老师灌输、学生接受的形

式。在课下一旦给学生布置一些实践性和探究性比较强的学习任务时，学生就会没有思路，这跟我们教学方式固有的模式有关系。长期满堂灌的教学方法导致学生像一个机器一样一味地接收信息，并不懂得根据自己的理解把知识运用到实际生活中去，丧失了创造性思维。所以在课堂教学中不仅要培养学生接收知识的能力，更重要的是培养学生创造性思维的养成。在课堂教学中可以适当地增加开发学生创造性思维的教学环节。比如在学习该堂课的知识重点之后，可以让学生根据该节课的课程纲要设计一些有针对性的题目，然后让其他同学来分析解决。这样既能开发学生的创造性思维，又能让学生掌握本节课的重点知识并得以深化。所以我们作为老师，作为数学知识的传播者，要让学生知道学习数学的价值，了解数学在我们日常生活中的应用，比如销售中的利润问题、建筑拱形桥的问题。只有了解数学在生活当中的广泛应用，才能让学生体会到数学的重要性，大大提高学生学习数学的积极性和主动性。

兴趣是最好的老师，只有学生对数学感兴趣，才会有学好的动力，这样就会大大提高学生学习数学的高效性。学生自身对周围的世界以及现象都会有一定的好奇心，数学教学就应该努力做到把这些生活中见到的现象从数学的角度诠释出来，从而让学生对未知的好奇心变成学习数学的有效工具。从小学升初中，从初中升高中，学生在不同的学习阶段都会遇到不同程度的困难，原因也是各式各样。如果他们遇到的困难长期得不到解决，就会在数学学习中成为一个很大的阻力，影响成绩。有些学生在小学升初中的数学学习中遇到困难是因为小学的数学教学方式跟初中的还是存在一定的差异。小学数学注重的是学生对基础知识的巩固和应用，在学习过程中教师都会给学生灌输思维上的固定模式。而初中的数学教学是要求学生在掌握基础知识的同时，要熟练地把知识点应用到具体的题目中去，锻炼的是学生自主学习掌握的能力。所以很多初中学生遇到的困难是从小学老师引导学生学习的模式到初中自主学习钻研的模式很难转变过来。而初中升高中对数学学习的要求在自主学习和钻研上的体现就更为明显。如果学生在初中数学学得不好，那么在高中数学学习的过程中就会变得很困难，因为新旧知识的转化不能顺利地衔接，这样就造成学生在学习新知识时就会有欠缺的地方。教师在教学过程中，有时候会让学生按照自己预设的目标去完成相应的学习任务而没有真正发现学生出现困难的根源。在现阶段应试教育的背景之下，又以统一的考试标准为基准，久而久之，学生的自主创造能力就被慢慢地抑制，学生的个性化思维也难以得到发挥。所以根据实际情况，大概可以概括为三个方面：

1. 数学思维的局限性

在学生学习数学的过程中，学生总是忽略基础概念知识的发现以及推导的过程，对于定理的证明过程掌握得不够深入，所以学生对数学知识的理解能力还是处在很肤浅的水平上，不能从表象看到本质性的东西去解决根本性的问题。由此就会产生在解决数学问题时，只能看到表象问题，没看到实质性问题而出现解不对题目，或者对而不全的现象。像这种学生一般都是缺乏把实际问题抽象成数学问题的能力，再加上学生在学校的学习方式是比较单一的，学习最常用的方法就是题海战术，不断地做题让学生在数学学习中没有基本的积极主动性，更欠缺创造性拓展性的学习。

2. 数学思维的各异性

每个学生的数学思维是从进入学校接受知识的一刻开始不断地养成，它在学生学习的过程中不断地锻炼和提升。学生之间由于自身条件的差异，导致数学思维能力也是各不相同，这就需要教师在教学中加以引导和培养。一般学生存在的问题主要表现为学生不善于挖掘题目中隐含的条件，抓不住关键信息来分析问题。在数学题中，往往会有很多个学生注意不到的"陷阱"，或者会有一些条件是误导性的，对于这些，学生必须有一个明确的明辨是非的能力。比如：哪些是有效信息？哪些是隐含的条件？从条件中可以得到的有效结论又是什么？等等。所以分析问题的能力尤为重要，如果没有一个清晰的数学思维，对于相关知识的运用也会不顺畅，会导致考虑问题不全面而出现解题上的漏洞。

3. 数学思维定式的被动性

学生掌握基础知识，是要将熟练的知识框架和体系运用到具体的题目中去，这中间要经历很多题目的磨炼和钻研。但是往往很多学生在这个过程中因为自身学习上的惰性，得不到很好的锻炼。没有足够的做题量就没有一个熟练的思维，没有熟练的思维就谈不上精确的解题了。学习数学必然会遇到困难，重要的是遇到困难要善于解决困难，克服心理上的障碍。只有在克服困难的过程中，才能让自己对知识的运用有更深的理解和掌握，才能磨炼自身的毅力。从发现问题到分析问题，从分析问题到解决问题，最后再加以总结和提升，形成一套自己专有的有效解决问题的思维模式。这种通过自己亲力亲为得到的一些方法和技巧在之后的解题中才会发挥重要的作用，对数学的感悟也就在不断钻研和总结中慢慢提升。

所以数学思维的差异一方面是学生自身的条件所决定，另一方面数学教育也起到至关重要的作用，即教育的主导者在这两者之间要起到很好的协调作用。

二、中学数学教学模式改革的现状、问题与对策

（一）中学数学教学模式改革的现状

教学实践证明，通过数学教学模式的改革可以改善数学教学效果，提高数学教育质量。随着数学教育改革的不断深入，新的数学教学模式层出不穷。很多教师积极开展教学改革实验，吸收他人的教学模式，总结自己的教学经验，发扬自己的教学风格，努力形成

自身的教学模式，以争取优异的教学成果。但新教学模式的推广不力，我们的专项调查说明，大多数学教师在课堂教学中依然长期使用"讲—练—考"的单一模式，在一些公开课上才见到新的教学模式。有的教师忽视教学内容特点与学生实际而机械套用一些新教学模式，导致教学效率不高。

（二）中学数学教学模式改革现存的主要问题

1. 教育观念滞后，教学模式改革实践不能适应新课程标准实施的需要

新形势下，中学数学课程的基本出发点是促进学生全面、持续、和谐地发展，课程教材的主要特点表现为：注重引导学习方式的变革，强调与现实生活的联系，体现学生的身心特点，为创造性教学留有余地。但由于许多数学教师对新课程标准把握不准确，缺乏应有的教育观念和教学理念，大多数教师只是贴着新课程标准的标签，沿用传统的教学方法，只重知识传授，忽视学生能力的培养，新课程标准难以落到实处。

2. 教学质量评价体系不科学，教学模式改革欠缺动力机制

教学模式改革的主要目的是改善教学效果、提高教学质量、培养创新型人才，但目前评价教学质量的标准仍然是以学生考试成绩作为主要参照。因此，为了应付考试，大多数学教学模式改革就其实质显得大同小异，仅仅对传统的教学模式简单改造，使得教与学缺乏创新，数学教学模式改革缺乏动力。

3. 理论与实践脱节，教学模式改革成果缺乏针对性

中学数学教师虽然具有丰富的教学实践经验，但工作繁忙，教育理论相对薄弱，无暇顾及教学模式改革研究；而从事相关研究的又往往是由高师院校的理论工作者来完成，但高校的教育理论工作者由于缺乏教学实践经验，很难充分考虑到数学课程改革与数学教学模式改革之间的联系。由于教学模式改革理论与实践的脱节，严重影响了相关理论研究成果在实践中的运用。

（三）中学数学教学模式改革的对策

1. 遵循学科特点，体现现代数学教育理论的要求

在数学教学模式改革时，应从数学学科独具的学科特征和培养创新人才的要求出发，建立体现新课程标准理念的教学模式。为此，数学教学模式改革应从调动学生学习兴趣、培养学生创新能力、全面提高数学教学质量为出发点，以"创设情境—师生互动—巩固反

思—小结质疑—练习创新"作为参照模式，采用多形式的教学模式。① 通过数学教学模式改革，创造出新颖的课堂教学模式。

2. 课程改革和教学模式改革相结合，适应数学新课程标准的实施

教学模式改革的成功很大程度上依赖于课程改革的整体推进，教学改革要取得根本性的突破，必须和课程改革联系起来，从课程教学上进行综合考虑。为此，只有认真组织数学教师研究新课程标准，理解新课程标准的内容实质和教学目标，通过组织学习、学术交流、相互学习，改变教师的教育观念、教学观念、评价观念，并在此基础上创设出符合新课程标准理念的数学教学模式。

3. 转变教学观念，完成角色转换，积极开展教学模式改革实践

教学是教师与学生的双边活动，现代教育理论认为，课堂教学是一个在教师引导下学生主动参与、独立思考、自主发现和不断创新的过程。随着新课程标准的实施，学生的学习方式发生了变革，这就要求教师转变观念，把课堂教学看作是教师和学生共同进行知识建构和意义创造的过程。在新课程标准实施过程中，为实现数学课堂教学模式的重建，让课堂教学焕发生命和活力，就必须关注教育主体的生活质量、生命价值和意义，使课堂教学真正成为教师与学生进行不断发现和创新的过程。在发现和创新过程中，培养数学学习兴趣，提高数学教学质量。

三、中学数学学习评价的现状、问题与对策

（一）数学学习评价的现状与问题

1. 教师普遍缺乏目标评价意识，教学目标"名存实亡"

教学目标是指教育活动结束时所期望学生完成的内容，是关于学生知识、态度或技能的描述。教学目标是教学的出发点，也是教学行为的归宿，"具有导学、导教、导测评的功能"。在教学实践中，教师对教学目标是什么以及教学目标对教学活动有什么作用的认识，将直接决定教师如何去设计和组织教学以及如何评价教学的效果。刘岗②在对山西省临汾地区初级中学数学学习评价改革的情况进行调查时，在教师问卷中设计了 5 个问题来了解教师对教学目标的认识。统计结果显示，56%的教师将教学目标理解为"教学任务"，还有 14%的教师把教学目标等同于"教学内容"。从教师对教学目标的表述来看，如"使

---

① 张林：《中学数学教学模式改革的现状、问题及对策》，载《科学咨询（教育科研）》2012 年第 1 期，第 78 页。

② 刘岗：《数学学习评价的实施现状与发展对策——来自山西省临汾地区初级中学数学学习评价改革的调查》，载《教育测量与评价（理论版）》2010 年第 9 期，第 33—35 页。

学生掌握概率中的三种事件""培养学生合作交流意识"等，几乎所有的教师都是以自身为行为主体来表述目标的，而且通常以"理解""掌握""体验"等比较笼统、抽象的行为动词来描述，而这种空洞、抽象的教学目标表述根本起不到导测评的功能。

同时，要求教师就教学目标的作用进行选择，并对选择的项目按重要程度由高到低依次排序。排在前三位的依次是：有助于明确教学的重点难点、有助于确立教学的起点、有助于选择教学方法。很少有教师会把教学目标与判断教学效果联系起来。与之相关的是，当问及"教师分析学生考试成绩的主要依据"时，能够根据教学目标去解释学生成绩的教师比例只有12%，可见，在实践中，教师依据教学目标评价学生学习的意识是比较淡薄的。

2. 评价仍以考试为主，学生的课堂表现难以纳入评价活动之中

作为数学教学的"主战场"，数学课堂本来应该成为教师了解学生、评价学生学习效果的一个主渠道。然而，从调查结果来看，尽管大部分教师会通过提问、观察等来了解学生在课堂上的表现，但他们的行为是经验性的、随意的。在他们看来，这些行为是与评价无关的。56%的教师认为，评价就是对教学效果的检查，应该在教学之后进行，而且评价就意味着要给出成绩或结果。另外，大部分教师都认为上课时间紧、任务重，根本没有时间去收集或记录学生的一些情况，自然也就无法得到评价学生的依据了。

此外，在问卷中刘岗还设计了这样的问题："您在作业批改或数学测验中是否尝试过让学生自评或互评？"结果显示在作业批改中，64%的教师选择了"从来没有"或"偶尔"；在数学测验中，57.6%的教师选择了"从来没有"。

而与之形成鲜明对比的是，除了期中、期末考试之外，大部分学校还有月考、周考、单元考等。对于数学测验与考试，不仅83.2%的教师表示在每个学习单元结束后都要进行单元测验，75.2%的教师表示在课堂上会经常进行一些课堂小测验，而且学校除了期中、期末考试外，还普遍采取月考的形式，每月都由教务处统一安排进行全校范围内的测验。显然，测验与考试仍然是数学学习评价的主要方式，甚至是唯一方式。

3. 数学考试带给学生的消极感受大于积极意义

当要求学生就"考试""测验""评语"等词展开联想时，对于大多数学生来讲，其获得的消极感受大于积极体验。

4. 升学压力与沉重的教学负担是制约数学学习评价改革的主要因素

在问卷中，要求教师就制约数学学习评价改革的因素进行选择，并对选择的项目按重要程度由高到低进行排序。从排在前三位的项目及各项目的排序指数来看，在教师心目中，毕业与升学考试制度、过重的教学负担、学校对教师的考核以及过大的班容量，是制约数学学习评价改革的四个主要因素。

调查结果显示，教师每天花在备课、批改作业以及上课的时间共计 7 小时左右，几乎占用了其在校工作的所有时间。而每个教师平均带两个班的课，每班平均人数在 60 人左右，也就是说，每位教师每天都要面对 120 名左右的学生。教师的工作负担可想而知。

（二）数学学习评价改革的对策与建议

1. 区分不同性质的评价是数学学习评价改革的首要前提

根据评价活动实际产生的影响，我们可以把数学学习评价分为三个层面：课堂层面、学校层面和社会层面。课堂层面的学习评价，是指教师在具体的课堂教学与学习情境中，通过观察、提问、作业批改与课堂测验等途径，对学生数学学习状况的分析与掌握。这一层面的评价以促进所有学生的学习为首要目的，是一种发展性评价。与之相比，期中或期末考试、学生综合素质评定等则属于学校层面的评价。它以教学管理为导向，常常会作为判断教学有效性，甚至直接作为考核教师绩效的一种依据而发挥作用。然而，管理并不是评价的最终目的，只是促进教学的一种手段。毕业与升学考试，是上级行政部门、学生家长以及社会人士用来衡量学校教育教学质量的一种指示器，可以将其归为社会层面的学习评价。它具有明确的导向作用，实质性地影响着学校教育，也制约着数学学习评价的改革。上述三个层面的学习评价，服务于不同的目的，发挥着不同的作用。数学学习评价改革固然要包括中考制度的改革，但是，对于每一所学校，甚至具体到每一个数学教师，更重要的是要认识到三个层面学习评价的不同性质，认识到目前我们在课堂（包括学校）层面的评价方式并不能有效地应付升学的压力。因此，只有立足于课堂教学实际，通过学习评价的改革来增强课堂教学的有效性，真正发挥评价的反馈与改进功能，才能促进所有学生不断得到发展，从而最终提高升学效率。

2. 把评价真正融入课堂教学是实现数学学习评价改革的关键

改革总是需要付出一定的时间和精力的。但是，对于背负着沉重升学压力和教学负担的数学教师来讲，如何把评价与教学有机地结合起来，尽量减少改革给教师带来的额外负担，是数学学习评价改革能否顺利实施的关键。

评价与教学的关系并不像传统观点所认为的那样——评价是教学之后的事，是与教学相互分离的。作为一种全面了解学生学习的活动，评价是伴随于教学过程之中的，与教学是交互共生的关系。评价真正能够促进学生的发展，并不是直接作用于学生的，而是以教学为中介，通过为教学提供信息、促进教学的改善而间接地实现促进学生发展的。因此，实现以促进学生发展为目的的评价改革，就是要真正地把评价与教学有机地结合起来，发挥评价与教学的交互作用。

具体来讲，第一，我们要把数学学习评价纳入数学教学设计当中。一方面，要以数学学习评价所提供的学生信息为起点，结合教学内容的特点来选择教学方法，组织教学活动；另一方面，要对教学活动与评价活动进行整体设计，要根据教学目标与教学活动的特点，设计评价的情境与任务，确定评价的方式与时机，把评价任务与教学任务有机地结合起来。第二，我们要把数学学习评价融入数学教学过程当中。教师要树立评价意识，要把课堂评价、作业评价和考试评价有机结合起来。在教学过程中，教师不仅要在课堂的提问、讨论中随时注意观察并记录学生的学习表现，还要把作业视为评价的一个有效途径，对作业任务精心设计，对学生在作业中的反映进行认真分析，同时，也要把测验、考试与学习目标紧密结合在一起，充分发挥测验的及时反馈作用。

3. 照顾学生的个性差异是数学学习评价改革的难点

促进每一个学生的个性发展，是新一轮基础教育课程改革的基本价值取向。在数学学习评价中，个性化的评价理念不仅体现在多元的发展目标上——要求根据学生的个性差异确立多维的发展目标，而且还体现在评价的操作上——从国外引进的新型评价方式与工具都是依赖于特定情境的，需要教师进行个性化的处理。然而从实践来看，过大的班容量、沉重的教学负担，则是与个性化评价方式相矛盾的。如何解决这一矛盾，就成了数学学习评价改革的难点。

为此，我们认为：第一，要分层确立学习目标，既要根据学生在数学学习上的不同层次水平确立不同层次的学习目标，又要根据学生的不同发展阶段设置不同阶段的发展目标。第二，要鼓励更多的人成为评价主体，共同承担评价的责任。从现实的角度来考虑，学校管理人员、同行教师、学生以及家长可以组成评价共同体，由教师统一组织，各评价主体分工负责收集评价信息，最后统一汇总、整合各方意见，对学生的发展做出判断，进行合理规划。第三，要充分发挥学生的主体作用，重视评价对象的自我反思、自我反馈、自我调控和自我完善。学生的学习具有不可替代性，外部的评价最终要与学生的自我评价相结合，才能发挥促进学生发展的作用。只有让学生参与评价，使评价成为他们自己的事，才能真正使评价化为发展的动力。

4. 完善学校教学管理制度是数学学习评价改革的重要保障

评价只是学校教育教学工作的一个方面，它的有效实施要受到系统中多种因素的影响与制约。从问卷调查的数据来看，尽管教师们并没有把学校的教学管理制度看作是制约数学学习评价改革的重要因素，但是从访谈中我们直接感受到了教案检查制度、作业检查制度和教师考核制度一样，严重制约着数学学习评价改革的实施。

调查发现，教师往往把写教案与批改作业视为教学的额外任务，其目的只是应付教务部门的检查。于是，抄袭教案、从网上下载教案的个别现象开始出现。这种对写教案与批改作业的错误认识，直接影响到了数学教学以及数学学习评价的有效性。因此，对这些相关管理措施的调整，就应该与数学学习评价改革同步进行。对教案的检查要着重检查内容，重在对教师教学创新之处的检查；而作业检查的重心也必须从"是否批改"转向"学生在作业中的受益情况"，如作业对于学生的挑战性、作业能否满足不同层次学生的需要、作业是否给学生造成了过重的学习负担等。

当然，数学学习评价改革是一项十分敏感、十分复杂的工作。它与数学教育实践中存在的许多问题有着千丝万缕的联系，还需要更多的教育理论和实践工作者一道进行深入的研究与探索。

第四节　中学数学教学改革的多维度探索

一、从学生角度思考中学数学教学改革

学生是教学过程中学习活动的主体，发展的承受者。发展是学生内部的自我运动。从学生角度思考教学与发展的关系，应着重解决两个问题：第一是发展的可能性，第二是发展的现实性。

关于发展的可能性，我们要确立这样的信念：每个正常的儿童都具有巨大的发展潜能。

发展不是少数"优秀"学生的专利，而是所有学生的权利。教师应用发展的眼光看待学生，视学生是不断变化发展与进步的个体。

关于发展的现实性，我们必须清醒地认识到，发展是学生内部的自我运动。正如德国教育家第斯多惠所说："发展与培养不能给予人或传播给人。谁要享有发展和培养，必须用自己内部的活动和努力来获得。"学生的发展必须依赖于其自身的主观努力。一切外在的影响，只有转化为学生的内在需要，引起强烈追求和主动进取时，才能发挥出对学生身心素质的巨大的塑造性。愿意学、主动学是学生发展的决定条件。一切外人，包括教师都只能起引导、帮助和启发作用，而不能灌输、包办和替代。

那么如何在教学中真正落实学生的主体地位，发挥学生的主体作用呢？

首先，要提高学生的主体意识。主体性既是教育教学的前提，又是教育教学的结果。在教学过程的始终，教师必须充分唤起学生作为主体的觉醒，不断完善其主体意识，增强其主人翁责任感。教师要使学生时时体验到自己是学习的主人，学习是自己的事，教师要培养学生对自己的学习或活动进行检查与反思的习惯，从而提高自我意识和自我教育能力。其次，要加强学生的自主性活动。自主性活动是学生主体地位在教学中的体现和

反映。

　　教师必须把学生的自主性活动贯彻到具体的教学方式方法之中，能力只有在需要该种能力的活动中才能养成和发展。知识的掌握、能力的发展都离不开学生的自主性活动。教师一定要"淡化"主导意识，转变重教轻学思想，彻底改变传统课堂中的灌输教学、静止教学。

二、从教学方法角度思考中学数学教学改革

　　随着中学新课程标准的实施，中学数学课程教学内容和教学方法的改革也随之加快了脚步。如何改进中学数学教学方法，在推动中学数学课程改革的同时给中学数学注入新鲜的血液，如何转变传统教学观念推进中学数学教学方法的创新是值得我们思考的问题。

（一）中学数学教学激发学生学习热情是关键

　　中学数学教学是中学教学中的难点，数学逻辑思维强，听课时需要学生注意力高度集中。中学生正处于青春期，对任何事物都充满好奇，而过去的中学数学教学方法，形式过于死板，教师往往采取满堂灌的方式授课，学生只能被动填鸭式接受，课堂气氛死气沉沉，教师教得费劲，学生对数学的学习也充满抵触情绪。新课改的实施要求我们转变过去一成不变的授课方式，鼓励教师多采用兴趣教学法来激发学生学习数学的热情。教师可以改变以往教师上面讲、学生下面听的单一授课方式，新开展一个章节之初鼓励学生自我预习，然后学生站到讲台给大家讲一下具体章节他领会到的知识。这样做的方式充分调动了学生学习的主动性，中学生处于青春期，做任何事情都想要做得最好，这样就促使学生在预习课程的过程中会动脑子，下功夫。学生讲完，老师要鼓励大家给予点评，这样课堂气氛活跃的同时学生自然会将知识熟记于脑海，达到了教学相长的目的。教师还可以鼓励学生课下发掘生活中运用数学知识的例子，开发数学的实用功能，数学课在孩子的心中不再是死气沉沉趴在书上的数字而已，而是真正生活在身边的看得见、摸得到的东西，增加学生对数学学习的真实感，学生在热爱生活的同时，更能够有效提高学生对于中学数学学习的兴趣。

（二）中学数学教学要重视课前预习

　　传统的中学数学教学，很少让学生自我主动去预习接下来要学习的新课程，有个别教师让学生预习，也很少制订详细的预习计划，中学数学预习就如同语文课、英语课一样，学生要不不预习，偶尔有预习的也是流于形式，通读一遍走过场的居多。很多中学数学教师不主张学生开展预习的原因有很多，有的认为，数学课程逻辑思维是很重要的，预习就

使得课程开展没有新鲜感，教师授课时学生会精力不集中，达不到授课效果；有的认为，中学数学课程的预习就知道一下老师要讲什么即可。这两种想法反而导致中学数学授课效果不佳。新课程改革要求教师不仅要在授课内容上创新，在教学方法上也要创新。我们要鼓励学生开展课前预习，并制订相应的预习计划，有针对性的预习，可以有效加深学生在学习过程中对于针对性问题、难点的认识。教师要知道并不是每一个学生的领悟能力、学习能力都很强，通过预习让学生知道本章节学习的重点和难点，让学生带着问题进行听课，可以使学生听课的注意力更加集中，学习更有的放矢。教师鼓励预习，就是在鼓励探索式学习，探索式学习是中学数学教学改革的创新点，通过探索式学习可以提升学生的学习兴趣、提高学习注意力、提升学习效率。

（三）中学数学教学要推行分层次教学方法

新课程改革要求我们改变过去一成不变的教学内容和方式，针对学习能力不同的学生教师也要采用分层次、个性化的教学方式。中学教师要看到学生年龄层的不同、知识理解能力的不同、逻辑思维发展水平的不同之处，在了解掌握全班同学整体数学学习能力的基础上，针对不同类型的学生开展个性化教学。若本班同学数学学习能力都比较好，那么教师可以充分开展探索式教学，多让学生思考、分析，老师作为学生的辅助。若本班同学在数学学习方面只有极个别的同学能力强，多数同学分析能力、判断能力都不足时，教师就不应大量采用探索式教学模式，在课堂上教师要多以讲授为主，这时老师就为学生的主导。由此可见数学教师的授课方式多种多样，分析学生的特点，因材施教，分层次讲授才能达到预期授课效果。

（四）中学数学教学要运用高科技教学设备作为辅助

进入 21 世纪以来，科学技术迅猛发展。多媒体技术、网络技术也同样深入到中学的课堂中来。要改变过去一个教师、一本书、一支笔的沉闷教学现状，我们就要将多媒体与网络技术引入中学数学教学中来。多媒体技术可以有效地丰富课堂气氛，中学的学生由于处在青春期，好奇心重，精力难以集中，而中学的学习内容无趣、教学沉闷，学生上课走神的、困倦的居多，教学目的很难实现。多媒体技术多采用声、光、电相结合的模式，教师可以做好 PPT 课件，对于概念性的内容可以采用色彩丰富的图片，并配合声音讲解，在吸引学生注意力的同时，也使学生记忆深刻，教师可以配以诙谐幽默的语言对死板的数学概念进行解释，课堂气氛也能够得以活跃。教师还可以将多媒体技术与网络技术相结合，比如课前预习计划、授课计划、知识难点、重点以及课后练习题都可以放到网上随时提供给学生学习，针对学生作业的指导、试卷分析等，教师可以将这些内容扫描进电脑，上课时通过多媒体技术展示给学生看，学生通过网络和多媒体技术实现了知识的互通。教师在课下也可以利用网络技术下载其他学校相关课程老师的课件，足不出户就可以分享重点学校教师的课件，这对于教师自身授课能力的提升也大有裨益。

（五）中学数学教学应重视学科之间的互通

抽象的、逻辑思维严谨的数学只有与其他学科结合才会显出生机勃勃的一面。数学同其他学科一样不是单纯以数字形式存在的，数学也有自己的历史、自己的文化。数学文化也是人类文化的重要组成部分，是将数学思想、观念、精神、知识、方法、技术等相结合为一体的文化体系。很多中学的数学教师不知道数学也同其他学科一样，也有自己发展的历史。学习数学史才能对所学内容有更加深刻的认识和理解，很多学生难以将数学与实际生活相结合就是如此。理解领悟了什么是数学才能欣赏它、探究它。数学文化可以通过数学与英语、语文、自然科学、政治、美术、体育等学科有机结合，对学生进行数学文化的熏陶，使学生了解数学存在的意义，对于中学数学教学的开展有深远的意义。

三、从教师角度思考中学数学教学改革

（一）数学教师实现变革的阶段

就教师的教学水平提升而言，教师只有在解决教学实践问题的过程中不断历练和积累经验，才能有望通过教学实践提升自己的教学水平与能力。教师也正是在解决一个个现实问题的过程中获得真实的成长和发展。从这个意义上说，发现问题就是发现了发展的空间，解决问题就是获得了真实的发展。

从教学互动生成推进过程的角度，教师需要解决以下几个方面的问题：第一个成长发展的台阶是教学是否开放，是否能够面向每个学生进行有重心下移的教学。这是判断教师是否建立学生立场的一个很重要的指标。教师要从封闭走向开放也不是一蹴而就的，有的教师因不放心而不敢开放，有的教师因传统教学习惯而放不下去，也有教师因为偶尔开放而出现教学失控的现象，由于教师平时日常教学中的不够开放，一旦开放就会出现开放无度、开放无边、开放无向的状态。因此，教师从不敢开放到敢于开放，意味着教师已然迈出了决心改革的艰难的第一步。

第二个成长发展的台阶是教学开放以后，教师是否有捕捉学生资源的意识。这是判断教师是否关注学生、是否能够根据学生的困难与问题进行有针对性教学的重要依据。教师从关注个别好学生的正确答案到关注大多数学生的学习状态，并能根据学生状态做出动态调整的教学，这既是教师心里有学生的具体表现，更是为学生的发展而进行的教学。教师

要做到课上能够把学生的资源都"收上来",前提是课前就要对学生状态加以关注,充分了解学生的前在状态、潜在状态和发展可能,并能结合学生的这些状态进行多种可能的分析与预设。

第三个成长发展的台阶是教师能否在对资源进行价值判断的基础上做出选择。教师有了学生资源捕捉的意识以后,选择学生的什么信息作为教学的资源将直接影响到教学过程的推进状态与质量。有的教师对学生信息不加以选择,谁想上黑板谁就上,谁爱说就说,导致教学无序甚至是平面化地绕着原地打圈圈现象的出现。因此,教师对学生资源价值判断和选择水平实际上反映了其背后是否有教育学的立场。教师有了教育学的立场,才会有意识地捕捉具有教育意义的资源来促进学生的成长发展。

第四个成长发展的台阶是教师是否能充分有效地利用资源。教师对资源利用的有效程度直接影响着课堂教学的效率与推进状况。有的教师采用串联的方式由着学生一个接着一个地交流,课堂宝贵的教学时间就在悄无声息之中流失了;有的教师不考虑教学推进的层次,分析利用资源的过程中就会出现混乱和跳跃;也有教师忘记教学重心的再次下移,不注意组织学生之间和师生之间的多种互动与思维碰撞。说到底,这些现象直接导致了资源利用有效性的降低。因此,教师对学生资源的利用与处理能力,直接反映了教师对课堂教学要素之间的综合性、有机性的认识和沟通能力。

第五个成长发展的台阶是教师回应反馈水平与能力的提升问题。教师对学生信息回应反馈的水平直接影响着课堂生成的状况,教师的回应反馈无效,意味着学生动起来了,而教师却缺乏更高水平的动;教师的回应反馈到位,意味着学生就有可能在过程中生成新的认识、新的见解和新的问题,意味着教学对于学生具有发展性的作用与价值。因此,教师需要在教学过程中不断提升自己回应反馈的水平与能力。唯有如此,教学对于学生而言才有可能是充实和丰实的。

总之,教师沿着这样成长发展的台阶,就有可能一步一个台阶地拾级而上。在这个过程中,教师不仅可以形成对教学过程互动生成展开逻辑的认识和理解,而且还有可能摆脱旧有的教学模式,并呈现出教学价值拓展、重心下移、结构开放、过程互动、生成涌现的新形态,更为重要的是,学生和教师都能在这样的过程中获得真实的生命成长。

就教师的数学教学形态转换的过程而言,教师实现数学教学转型变革的过程大致要经历以下几个发展阶段:

第一个阶段是旧有原型阶段。处于这个阶段的教师往往对新理念持怀疑的态度,他们教学思想比较保守,教学行为比较传统,旧有的教学模式痕迹比较严重,课堂中多半是个别好学生配合教师对封闭的程序预设的执行与完成。他们不仅没有认识到教学变革的重要,而且也意识不到自己教学的问题存在,甚至还满足于自己有一套应对考试的办法,学生的考试成绩往往也不差，所以教师还会认为自己已经做得很好，自然也就没有改变自己的需求和必要。对处于这个阶段的教师，重要的是在于唤醒。不仅要唤醒教师重新认识自己职业的价值，而且还要让教师意识到自己教学中的问题存在。要让教师认识到"发展是硬道理"，因为在一个高速变化发展的时代，谁抱残守旧，不思对现状的变革，不思未来发展的需求，不思自身对变化的适应，那就必然要被时代淘汰。

第二个阶段是表面形式阶段。处于这个阶段的教师对改革持有热情积极的态度，往往对新事物比较敏感也比较容易接受，他们开始有学习教育理论的意识，但由于理论认识还没有内化，所以新的理念往往停留在教师的言说中，以"贴标签"的方式在教学实践中加以运用。尽管课堂教学中往往有许多新的元素，但教学旧有的封闭模式和框架基本保持不变，所以课堂呈现出表面形式化改革的状态。教师要从这个阶段中走出来不是一件容易的事，主要是难在教师往往意识不到自己的问题存在，他们常常会为自己课中的某些新元素或新形式而自鸣得意，也会为自己能言说一些新词汇或新理论而沾沾自喜，这样就会妨碍教师在变革实践研究过程中自觉地对理论进行内化与践行。因此，对处于这个阶段的教师，重要的是帮助教师理解为什么而进行改革，理解教育理论的力量在于使教学实践发生本质变化，理解活动形式为教育目的服务的道理；帮助教师结合自己的实践实现对教学新理念的体悟和内化，从而使教学新理念与教学实践行为在其个体身上实现内在的统一。

第三个阶段是简单模仿阶段。处于这个阶段的教师认识到教学开放对于学生发展的重要意义，他们开始打破旧有的教学模式框架和秩序，但新的教学结构和秩序尚未建立，所以课堂教学或呈现出混乱的四不像状态，如教学中开放没有边界、开放没有目的的状态；或简单模仿他人表现出形似神不似的状态，如教学中不考虑具体情境需要的机械照搬的现象。这个阶段几乎是所有教师在改革过程中必然要经历的过程，也就是说，改革就是要先"破"后"立"。没有"破"意味着教学还停留在传统，只有"破"才意味着有告别过去的可能。怎样在打破旧有模式的基础上很快走出混乱期，从而形成新的教学结构和建立新的教学秩序？关键在于教师是否能够对新教学结构和秩序在原理层面的把握，教师只有理解和把握了其中的原理，才有可能在呈现教学"形"的过程中体现"神"，否则教学就有可能只有"形"而没有"神"，甚至还会表现出机械教条地为了"形"而"形"的状态。这是一个很重要的转折期，对处于这个阶段的教师，一方面我们要鼓励教师从过去中走出来，另一方面还要帮助教师分析教学开放以后可能会带来的各种局面，分析各种新教学结构背后的原理和逻辑，说明在形成新教学结构过程中的核心任务和价值追求，使教师在"形"似的基础上努力追求有核心"灵魂"和富有"神采"的教学。

第四个阶段是初步成型阶段。处于这个阶段的教师已经有整体结构的意识，能够理解和把握新教学结构过程展开的内在原理与逻辑，实践中新的教学结构和秩序开始建立，并逐渐呈现出新型的教学形态，他们在教学中能够开放有序、开放有度、开放有向，学生也开始活而不乱、活而不散、活而不躁。在这个过程中，教师对课堂学生资源逐渐有了敏感，对各种信息也能够进行基本的价值判断，并能组织学生之间和师生之间的多种互动，对教学中各种资源进行充分的利用，过程推进中的"放"与"收"也逐渐开始自如起来。不仅如此，这个阶段的教师还有许多变革实践的经历和体验，他们对影响自己发展的重要事件往往印象深刻，对自己成长发展的转折点也有比较清晰的认识。但他们往往还缺乏举一反三的意识与能力，还需要提升结合具体情境进行灵活创造的能力。

第五个阶段是灵活创造阶段。处于这个阶段的教师基本上能够把握新理念的实质和精髓，并开始自觉地运用原理进行举一反三的迁移，他们的日常教学中也逐渐能够呈现出清晰的教学结构新形态，意味着教师的教学变革实践逐渐开始朝着常态化的方向发展。在这个过程中，反思研究开始成为教师的生存方式，灵活创造开始成为教师的自觉意识。这些教师自然也就成为学校教学变革的重要引领者，通过他们的引领与辐射，一批又一批的教师走在转型变革的路上，并实现了自我更新式的发展与超越。

通过上述对教师各个发展阶段特征的描述，教师可以以这些阶段特征作为发展的参照目标，对自己的发展状态和阶段进行诊断，了解自身发展存在的问题与障碍，明确下一个发展的方向与目标，这样，教师就有可能一步一步从过去中走出，一步一步走向、走近自己设定的发展目标。

（二）数学教师实现变革的条件

在以往的数学教学中，教师有着强烈的模式操作意识、例题示范意识、习题操练意识、技术展示意识、教学控制意识、思维替代意识等等。这些意识在教学中给学生思维带来的封闭和压抑已经逐渐地被教师所认识并加以摒弃。在实现数学教学转型性变革的过程中，数学教师需要增强变革课堂的自觉意识。这些意识主要包括主动发展的意识、自我更新的意识、超前开放的意识、整体结构的意识、策略选择的意识、资源利用的意识、判断调整的意识、反思重建的意识、日常渗透的意识、灵活创造的意识等等。其中自然以教师的主动发展、自我更新的意识为前提，这是转型时期社会对教师提出的新要求。在此，就数学教师在课堂教学中需要特别关注和重视的意识做补充说明。

首先，教师要有整体结构的意识。数学知识之间紧密的内在联系是其他学科所无法体现的。教师有了整体结构的意识，不但从课前的教学设计起，就可以对教材按学生认识和发展的需要进行规划、重组和加工，而且还可以在课堂上对多变的、看似点状的信息，通过多向的联系、沟通和延伸，呈现出其独特的结构态和生命态。这是起"点睛"作用以推进课堂教学、提升学生思维水平的关键之所在，也是体现教师独特作用和实现教育价值的关键之所在。更重要的是，数学课堂教学的改革不只是在某些"公开课"中体现，而是在日常的教学活动中，通过有规划、有系统、递进式的教学方式，把育人的目标具体地落到实处。在这种渗透着开放、弥漫着主动气息的数学教学中，不只是个别学生而是学生群体都有可能得到整体的提升，不仅仅是知识的掌握水平的提升，而且学生的整体把握能力和综合的思维水平层次也有可能不断地得到提升。

其次，教师要有日常渗透的意识。要使数学成为形成学生智慧和思维方式的一种力量，成为形成学生生存意识和生存方式的一种文化，没有日常渗透的意识，恐怕是很难达成这一目标的。之所以强调数学教学的日常渗透，就是要改变把数学教学等同于数学解题、把开放的教学等同于开放题教学的现象，改变由此而形成的对数学教育功能单一化甚至异化的错误认识。通过数学解题（包括开放题）的过程可以产生显性的、直接的和即时的影响，而通过数学教学的日常渗透，可以产生的影响更多的是隐性的、间接的和长期的。后者虽然不在教学中突出显现，但却用渗透的、弥漫的方式给学生以多方面的影响，而且恰恰是后者，使前者变得更丰实、更有效。教师有了日常渗透的意识，就会努力去开发和挖掘教学中的资源，就会对教学中的"人"有深层次的关注，就会有意识地渗透和潜移默化地实施影响，并产生滴水穿石的效应。

最后，教师要有灵活创造的意识。要使中学数学课堂教学的根本性变革能不断持久、不断创新，教师还要有灵活创造的意识。在课堂教学改革的实践中，我们改革的先行者，包括一线的实验教师、校长，还有教研员等，他们在理解了新理念之后，逐步把它们内化为自己的实践行为，通过大胆的探索和不断的实践，在改革中呈现出了许多新的创造。这些新的创造对于创造者来说是思考后的行动，而对于模仿者来说，往往会转换成形式化和教条化的东西。新的创造一旦被形式化和教条化，它们就开始被僵化、被扼杀。这就是在新的创造呈现的同时，在改革中又出现了老问题的新表现。这些老问题并不是传统教学的观念或模式，而是一种习惯了的思维方式。形式化就是做表面文章，不讲实效，不讲实质。例如，课堂教学中的小组活动、质疑的形式等，有的教师往往不思考为什么要采取这些形式而盲目地模仿使用。于是，改革就会流于形式，就会停留在表面，就会为形式而形式，为改而改。教条化就是忽视教学的具体情境而生搬硬套。教学是在具体的情境下，由具体的人构成的一个活动过程。正是因为有了这种"活情境"和"活生生"的人，课堂教学的改革实践才会如此地复杂、如此地锻炼人，教师的教学才会有智慧和创造的挑战和需求；也正是这种具体情境和具体的人，才有了课堂教学改革实践的生动和丰富多彩。因此，教师要有具体情境和具体人的意识，才有可能在具体的情境中进行灵活的运用和创造。

在课堂教学改革的实践中，从没有整体结构到有整体结构，从教师的单边活动到师生多元的网络式互动，从活动形式的单一到活动形式的多姿多彩，等等，我们经历了从传统教学观念和实践形态的破除到新教学观念和实践形态的重建的过程。这些从无到有、从破除到重建的过程，既是批判和反思又是创造和超越的过程，不仅充满挑战而且是一个十分艰辛的过程，当然也是充满成长与欢乐的过程。然而，我们还需要十分重视重建成果运用的合理性和适切性的研究，不能简单化、孤立化、形式化和教条化地使用，以致使原来在改革中诞生、反映改革探索经验、有力促进改革的自创工具演变为自我扼杀的武器。所以，我们需要谨慎地对待这些重建的成果，还需要在重建的基础上，从整体结构到灵活结构，从师生互动到有效高质量的动态生成，从多种活动形式到有机的灵活运用……所有这些都需要教师在具体情境中灵活和创造性地加以运用。

第三章 中学数学课堂的创新思维培养

数学教学不仅仅是教师传授数学知识的过程，而应该将学生数学思维能力的培养放在重要的地位。教师在教学过程中，应结合教学实际情况，正确认识学生的思维能力和发展阶段，通过不断引导，培养学生认识事物规律，独立分析、总结事物的能力，促进个人素质不断提高。

第一节 中学生创新思维内涵特征与能力启发

一、创新思维的内涵与特征

思维活动是人的一种本能。心理学认为，思维是具有意识的人脑对客观现实的本质属性和内部规律的自觉的、间接的和概括的反映。思维的基本要素由思维原料、思维主体和思维工具组成。思维原料指被感知的具体思维形象，思维主体是人脑和意识，思维工具是思维形式和思维规律。创新思维不是简单的逻辑思维活动，也不是孤立的形象思维活动，而是一种极其复杂的特殊的物质系统内的高度复杂的活动过程，是各种思维活动因素、活动能力及其活动形式存在着不同程度上的相互作用、相互制约的思维。人的创造力的核心是创新思维。创新思维是一种求异的思维活动，以求异而非求同为其价值导向，它要求无论在思考问题的方式、方法，还是思维活动的结果方面，都与传统的思维活动存在着不同的新颖之处。创新思维的物质基础是应具备健全的大脑和正常的心理，其基本要素由问题、观念、知识、语言、成果等因素构成。

（一）创新思维的内涵

对创新思维的研究已有悠久的历史。从西方来看，可以追溯到古希腊的亚里士多德时期，他的早期的《工具论》可以看作是最早涉及创新思维的著作，此后，很多哲学家、科学家均对此做了进一步的研究和论述。特别是随着心理学的发展，心理学家从创新思维的形成机制和思维品质等方面做了重要意义的探究，为创新思维的研究奠定了较为坚实的心理学基础。但时至今日，创新思维仍是一个众说纷纭、尚未获得公认定义的概念。有人认为："创新思维是人类思维的一种高级形态，是人在一定知识、经验和智力基础上，为解决某种问题，运用逻辑思维和非逻辑思维，突破旧的思维模式，通过选择重组，以新的思考方式产生新设想并获得成功实施的思维系统。"也有学者认为："创新思维，又叫非常规思维或突破性思维，是指突破原有的思维范式重新组织已有的知识、经验、信息和素质等要素，在大脑思维反应场中超序激活后，提出新的方案或程序，并创造出新的思维成果和思维方式。创新思维是在一般思维基础上发展起来的，是由条件类型的思维在创造活动中的一种有机结合并产生突破性飞跃的思维新范式，是人类思维能力高度发展的表现。"张培林曾在《关于创造性思维的几个问题》一文中对创造性思维进行了一个界定：创造性思维是创造者为了获得自己追求的创新目标，使凝聚在大脑里的科学思路，即大脑里各种感性知识和贮存的各种知识单元得到重新调整、重新组合和重新排列，闪现出某些新思想、新观念。还有人认为，创造性思维是具有社会价值的新颖而独特的思维活动，具有主动性和独特性特征，常常与创造性的活动联系在一起；创造性思维是反映事物本质属性和内外在联系，具有新颖的广义模式的一种可以物化的思想心理活动。所有这些都说明，人们对创造性（创新）思维的认识仍处在一个探索的阶段，目前要对它做出一个科学的定义显然还有困难。

创新思维总是在人产生了进行某种创造活动的动机和欲望之后发生的，没有这种动机和欲望是不可以产生创新思维的。这里的问题是，究竟什么才算是创新，提供新的、第一次创造的、具有社会意义的产品是不是一种创造活动呢？是不是一种创新呢？当然应该是，但这只是一种狭义上的理解。如果对创新从广义方面去理解，我们认为只要活动表现出一定的新颖价值，对其自身的认识和发展而言是具有某种新颖性、独特性，便可以看作是具有相对意义的创新。创新思维往往与创造活动相联系，但这并不是说创造活动中的思维就完全是创新思维。创造活动离不开创新思维，或者主要是运用创新思维。我们研究创新思维强调它是一种思维过程，讲思维的独创性，强调的是个体差异的思维品质。但无论强调思维过程，还是强调思维品质，共同的一点都是强调"创造性"的特征。林崇德先生指出"创造性是人类在创造性活动中表现出来的思维品质"。他还说："创造性的人才智力有如下五个方面的特点：创造性活动表现出新颖、独特且有意义的特点；思维和想象是创造性的两个主要成分；创造性思维过程中，新形象和新假设的产生带有突然性，常被称为灵感；在思维意识的清晰性上，创造性是分析思维与直觉思维的统一；在创造性思维的形式上，它是发散思维与辐合思维的统一。"从创造学研究与实践研究中表明，创新思维既是发散思维也是收敛思维，既是逻辑思维又有非逻辑思维，是各类思维形式的有机结合体，是各类思维形式的辩证统一的过程。

创新思维的独创性是人类思维的高级表现形式，它是一种连续的而不是若有若无的思维品质，独创性不应该理解为仅仅局限于少数创造发明者身上所具有的思维形态，其实在每个人的身体都或多或少地体现出自己的独特性。"世界上没有两片完全相同的树叶"就说明了个体的独特性，因而在思维体系里的创造性也是不同的。有一个例子说明这个问题，许多科学家研究电灯都在爱迪生之前，但遗憾的是都未能成功，找到理想的灯丝材料成为影响电灯试验成功的最大阻碍。爱迪生在攻克这个课题时，对前人试验时的材料和思路进行了认真研究，分析导致失败的原因，设想如何克服和突破，寻找新的思路和方法。在经历多次失败的经验教训的历练下，他终于找到了新的解决问题的思路，找到如何避免灯丝氧化和选用合适材料，从而打开了思维的大门，开创了电气照明新时代。这种针对所要解决的问题，收集有关信息资料，然后进行思考，想出具有独特性、新颖性的好主意的过程就是创新思维。

据说凯库勒从梦中飞舞的蛇这一灵感悟出了苯的环形结构式，似乎说明了灵感在创新思维领域的重要性，但他接着又说明这一结构式正确与否则需要他严格的逻辑证明。在创新思维的研究中，不少人认为创新思维与灵感有着十分密切的联系，甚至有人认为没有灵感就没有创新，我们认为灵感确实是创新思维的一个重要因素，但不应该把灵感绝对化、神秘化，似乎不出现灵感就不会有创新思维。爱因斯坦也曾谈到过相信直觉和灵感的作用，并在谈到特殊和一般、直觉和逻辑的关系时，认为从特殊到一般的道路是直觉性的，而从一般到特殊的道路则是逻辑性的。对问题的想象、联想、直觉、幻想、灵感等则认为是非逻辑思维的形式。这里所讲的非逻辑思维，是指在严格的意义上抽象逻辑思维之外的形象思维、灵感思维和直觉思维，非逻辑思维与逻辑思维是互补的，它们在创新思维过程中都起着重要的作用。霍华德·克鲁柏曾对达尔文的进化论做过研究，得到的结论是达尔文的成功，是经过了许多年的努力才逐步建立起进化概念的，灵感和顿悟在达尔文长期的研究过程中并没有起到决定性的作用。创新思维是逻辑思维与非逻辑思维的辩证统一，无数的事实证明，各种发现和发明的创造过程中既包含着逻辑思维的因素，又包含着非逻辑思维的因素，因此我们说创新思维不是一个空洞、抽象的概念，它与抽象思维和形象思维有着密切的联系，并寓于抽象思维和形象思维之中。思维的创新性在逻辑思维与非逻辑思维的辩证运动之中不断发展和进步。阿基米德发现浮力定律、门捷列夫发现元素周期律、爱因斯坦发现相对论，体现了非逻辑思维在科学创造中显示出来的惊人创造性。作为创新思维的全过程，既离不开非逻辑思维，也离不开逻辑思维，尤其是科学的发现和创造更是如此。直觉和灵感往往是在研究和思考经过显意识的逻辑思维而又遇到困难之后才出现的，可以说直觉和灵感是逻辑思维渐进的中断，在这个意义上，如同邦格所说"没有漫长而且有耐心的演绎推论，就没有丰富的直觉"。而当直觉或灵感出现之后，逻辑思维还必须对直觉或灵感的思维成果进行加工和证明，否则这种直觉或灵感闪现出来的火花既不能被证实其正确或证明其错误，也不能被物化为可供他人所能理解和接受的科学理论。

创新思维还是发散思维和辐合思维的辩证统一。在对创新思维的理解上，人们往往容易产生的这样一种偏见或误解，认为创新思维的重心要放在发散思维上，只要培养了良好的发散思维能力就会产生创新思维，因而在各种思维活动中总是片面强调对发散思维的训练。客观来看，发散思维的确比辐合思维表现出很大的创造性特征，主要是因为发散思维具有新颖性、灵活性、精细性和开放性这四个显著特点。但是，作为一个完整的思维过程，创新思维又离不开辐合思维。辐合思维是发散思维的基础，如在创新过程中遇到一个新的问题，如果没有辐合思维得到的结论作为基础，发散思维的灵活性便没有了依托；其次，如果要将各种假设（发散思维的结果）变为解决问题的现实方案只有通过利用辐合思维才能够实现。可见，发散思维和辐合思维如同创造性思维的两翼而缺一不可。正因为如此，吉尔福特将发散能力称为"发散创造能力"，将辐合能力称为"辐合创造能力"，二者同为创造性思维的重要能力。由此，我们可以看到，创新思维离开发散思维，多种可供比较、选择的假设和途径就不可能得到，思维就只能沿着一个方向或一个局部去思考，因思路狭窄而答案缺乏生命性、生长性和创新性；离开辐合思维，思维便只会漫无边际地发散，尽管其中有正确的、新颖的答案，也会因为不能集中而寻找不到最佳的解决方案，也就失去了创新思维的基础。

上述对创新思维的分析，基本上概括了当今学术界对创新思维的认识成就，这些认识尽管存在着一定的不足，但是，如果能够从综合的角度去揭示其内涵，还是基本上可以反映出创造性思维的外延指向的。

（二）创新思维的特征

创新思维是指思维主体能动地把握创新对象，通过对创新对象的思考和激发，从而促进思维主体创新发展的过程。创新思维的主体是人，人们对除创新主体以外的人和事物的思考和归纳总结，构成了创新客体，思维主体作用于思维客体的过程，则形成了创新思维。具体而言，创新思维包含了主体发现新事物、新规律，发现问题新的解决办法等思维过程。通常，这种思维过程并不局限于是不是首次被发现，而是指对于思维主体而言是不是首次对此问题、规律、联系的揭示，并在此基础上通过比较、分析、归纳、演绎等方法而得出新思想、新观点和新方法，从而达到创新的目的。

数学的创新思维是数学素质教育的重要方法。数学作为思维创新的体操，对思维主体的逻辑分析能力、综合判断能力等都有重要的影响。而数学作为教育中不可或缺的课程，其创新教育实践程度是创新教育的实际成效的重要判定内容。具体而言，数学的创新思维主要是指以数学的基本理论知识为基础，通过独立的思考和分析，在主动探索的过程中，积极创新思维因素，运用比较、分析、综合、归纳、演绎等数学方法，充分认识数学理论知识的本质，并得出理论之间的内在联系和规律，以更好地掌握各种数学问题的解决方法。创新思维要求思维主体在认识思维客体的过程中着力挖掘客体本质以及其差异性。而数学的创新思维则要求创新主体在对待数学理论知识时，要着力从数学的文字表示深化到数学的逻辑思想，并灵活运用到相关或者相似的数学理论中去。创新思维的特征主要表现在主动性、独创性、求异性、发散性和综合性等方面。

1. 主动性

主动性是指人在完成某项活动的过程中，来源于自身并驱动自己去行动的动力的强度。对客体的创造性发现需要思维主体付出努力和实践，而思维主体的思维方式的设计会对创新思维的结果产生重要的影响。思维主体的主动性是创新思维的重要驱动因素，缺乏主动性将很难形成良好的创造性结果。

2. 独创性

独创性强调了思维的独立性和差异性。从创新思维的定义和内容可以看出，创新思维的独创性主要表现在新思想、新观点和新方法的发现。而这些新思想、新观点和新方法的发现应建立在独立思考的基础之上，并表现出其中的差异性。这要求思维主体应该不受已经形成的思维定式和思维惯性的禁锢，打破思维界限，对相关知识的理解和应用提出自己的见解，提出合理的新的突破点，使得认识主体对客体的认识进一步深化。

3. 求异性

求异性是创新思维最为本质的特征，要求思维主体要通过各种思维方法找到与思维客体之间的不同之处，通过运用前述的独创性，打破已经形成的思维定式和思维惯性的限制，找出与传统习惯和已经存在的先例不同的思维点，得到新的创新点。求异性要求创新思维主体站在已有的知识系统基础之上，寻找新的突破点，找到解决问题新的思路。

4. 发散性

发散性是指在创新思维的形成过程中要将思维客体的相关要素进行联系。对某一问题的条件和结论要进行扩展思维，结合相关知识，并对其举一反三，深入其本质理解问题。发散性可分为横向发散和纵向发散。横向发散主要包含了对一个问题的理解，带动相似问题的理解和解决，并找出其中的共性，得出其本质规律。纵向发散思维是指将一个简单的问题进行深化，分析在条件进一步深入的情况下，提出新的设想，分析新出现的问题，并思考其解决办法。大胆怀疑，精心求证。将一个问题进行灵活多样的发散思考，从不同的角度来思考同一个问题，将其融会贯通。

5. 综合性

综合性要求思维主体能够正确处理整体和个体的关系。不仅要解决个体问题，更要从整体上思考问题的来龙去脉。挖掘表现形式不同但实质相同的问题，在解决一个问题的同时能解决一系列问题。从各种信息中提炼出有用的条件，将其归纳、整理，并总结出有用的思路，从而达到创新思维的目的。

创新思维的以上基本特征体现在思维过程的各个阶段，深入了解并运用这些特征对创新思维的形成具有十分重要的作用。

二、思维的启发

思维是人们对外界输入信息的加工、推理和制作思想产品的心理过程。它是在感知的基础上经过分析、综合、比较、抽象、概括等思维过程，对客观事物的本质属性和内部联系的认识。它是人脑对客观事物概括的、间接的反映。

学习的基本任务是将前人所积累的知识通过学习转化为自己的知识，并进一步转化为能力。而思维则是人们获得理性知识的主要心理过程。人们要想将别人已积累的知识转化为自己的知识，只有通过思维才能实现。我国春秋战国时期的孟子早就说过："心之官则思，思则得之，不思则不得也。"

思维是在人的大脑皮质内发生的一种中枢神经运动。人的大脑类似于一部思维机器，机器的运转需要一个启动的过程，同样，人的大脑思维也要有一个启动的过程。学习一种知识，思考一个问题，都需要经过一段时间的启动才能使思维围绕其中心内容展开。

思维的启动与启动的方法有关。我们在教学中常常发生"启而不发"的现象，这就是启发不当的结果。思维活动有其一定的规律，要能使思维得到启动，并且围绕所学习的问题迅速地展开，一定要按照思维活动的规律来进行启动。下面我们具体讨论在数学教学中怎样来启发学生的积极思维。

（一）激发学习兴趣

学习和思考一个问题，都是从注意开始的。如果主体注意了某个事物，在大脑皮层的有关区域就产生了优势兴奋中心，这样就能对某个事物获得清晰的反映。同时由于兴奋与抑制的相互诱导作用，使大脑皮层其他区域内所受的刺激受到抑制，从而使思维围绕某个事物而展开。

注意和兴趣是密切联系的。兴趣是人们爱好某种活动或力求认识某种事物的倾向。学习兴趣则是学生对学习活动和学习对象的一种力求趋近或认识的倾向。心理学家认为，学习兴趣对学习具有下述功能：第一，将注意力优先指向所感兴趣的对象；第二，能排除其他的干扰，集中注意力于感兴趣的事物；第三，积极主动地学习。由此可见，要能集中学生的注意，促进学生主动地学习，激发学生的学习兴趣是十分重要的。我国古代教育家孔子说过："知之者不如好之者，好之者不如乐之者。"苏联的奥加涅相也说："数学教学的成就，很大程度上取决于学生对于数学课的兴趣是否能保持和发展。"这些论述都阐明了激发与培养学生学习兴趣的重要性。在数学教学中怎样来激发学生的学习兴趣呢？

1. 激起学生学习的欲望

兴趣是倾向于认识、研究、获得某种事物的心理特征。兴趣来之于需要。在学习过程中，如果学生对某种知识发生一种急于了解的心情，就会引起一种学习的欲望而产生对学习某种知识的兴趣。在教学过程中，如果教师能设法引起学生对学习新知识的欲望，就会激起学生对新知识的兴趣和注意，下面举两例说明。

（1）勾股定理的教学

教师可以利用数学文化引出勾股定理推导方法，激发学生学习欲望，达到提高勾股定理教学质量的目的。勾股定理证明方法较为抽象，与学生现实生活存在较大差距，使学生在学习过程中，容易产生厌烦抵触等消极情绪。为此教师应积极转变传统教育形式，摒弃填鸭式等机械教学法，利用数学文化做好课堂导入，实现学生与勾股定理知识的无缝衔接，使学生感受到数学文化博大精深，激发学生主动探析意识，为提高学生数学学习效率奠定基础。

例如，教师在勾股定理教学开始前，可以先利用互联网向学生展示"赵爽弦图"，同时以讲故事形式，向学生讲述该图出自我国《九章算术》，属于有关勾股定理较早的解题方法，同时教师利用PPT向学生展示《九章算术》中有关勾股定理解题方法的描述："勾股各自乘，并之为弦实，……以差减合半其余为广。减广于玄即为所求也。"引导学生翻译这段文言文，在翻译过程中，学生可以感受到我国数学知识的博大精深，对勾股定理的学习产生兴趣。

（2）平面几何引言课的教学

平面几何是初中学生学习数学的难点之一，其原因是学生在这以前学习的多半是有关数的知识和运算，现在一下子由"数"转到"形"，由"算"到"证"，不论在研究对象上，还是在研究的方法上都发生了变化，这就造成了同学们学习上的困难。为了帮助学生学好平面几何，首先要激起学生学习平面几何的求知欲望，引起学生的学习兴趣。为了激起学生学习几何的求知欲望，在引言课的教学中可用故事引路，让学生通过游戏性操作来接触几何图形，探讨它们的性质，具体做法如下：

步骤1：简单介绍几何学的起源和我国古代在几何上的突出成就。

步骤2：编造一些学生所熟悉的几何图形，让学生动手操作，增加实感。其方法为：

折纸与剪纸。要求学生与教师一起，用纸剪成一个角；再把它折成相等的两部分，那么这条折线就是角的平分线，将来我们会看到角的平分线有很多性质。用纸剪一个等腰三角形，再把它折成两个互相重合的三角形，这条折线就是等腰三角形顶角的平分线，将来同学们将会看到，等腰三角形顶角的平分线具有很重要的性质。剪一个长方形，把长方形的纸片沿相对顶点折成两部分，每一条折线都叫作长方形的对角线。我们将来会知道，长方形的两条对角线相等，交于一点并且被这一点平分。我们还可以剪出许多几何图形，并通过折线的方法来找出几何图形之间的联系。

步骤3：说明几何图案的实用性。教师可绘制一些图案让学生欣赏，使他们感受到几何图形中蕴含着美的因素。

在平面几何中，学生将要学习如何从逻辑上证明两线段相等、两角相等的方法。

通过以上的一些工作就能激起学生学习平面几何的求知欲望。

2. 引起认知冲突

认知冲突是一个人的已有知识和经验与当前面临的情境之间的冲突或差别，这种认知冲突会引起人们的新奇和惊愕，并引起他们的注意、关心和探索行为。心理学的研究表明，如果学习者已有的知识经验和新的学习任务之间具有中等程度的分歧、不一致或差距时，对动员学生的注意最为有效，特别是在学生对他所知道的东西有感不足的情况下，更是如此。用皮亚杰的话说："如果新的学习任务需要儿童自己先做出某种程度的顺应——已有图式不完全适合于理解或解决问题，而需要加以细微变更，然后才能进行同化，那么，这些新任务对儿童来说，最富有吸引力。"引起认知冲突的方法主要有以下三种。

（1）揭露学生原有认识上的片面性和不完整性

引起认知冲突常用的方法是揭露学生原有认识上的片面性和不完整性。当学生发现他们原有认识是不完整的或错误的时，就会迫切要求获得正确的、完整的认识。

学生的认知发展就是观念上的平衡状态不断遭遇破坏，并不断达到新的平衡状态的过程。在学习过程中，学生如果发现教师呈现的问题与他们原有的认知相矛盾时，就会引起惊奇而产生力求理解的欲望。因此，在数学教学中教师可通过揭露学生原有认知上的片面性和不完整性来引发学生的认知冲突，并使学生产生要努力通过新的学习活动达到新的、更高水平的平衡的冲动。下面举例说明。

例3-1　圆的概念的教学

学生在日常生活中已经接触过许多圆形的实物，他们对圆具有丰富的感性认识。

但是他们对圆的认识还没有上升到理性认识。因此，在讲解圆的概念时，可通过揭露他们对圆的认识的不完整性以引起认知冲突，激起他们对新知识学习的要求。具体进行方法如下：

教师：我们在日常生活中已经接触过许多圆形的实物，现在请一位同学举出一些圆形的实物的例子。

答：硬币、机械上的圆盘、车轮等都是圆形的实物。

教师：回答得很好！现在请大家想一想，什么叫作圆呢？也就是说圆具有怎样的本质特征呢？

教师提出这个问题之后学生会哑口无言，不知如何回答是好，也有个别同学会回答"圆就是圆形的形状"，当然多数学生知道这种回答是不对的。学生发现自己过去虽然接触过许多圆形的实物，但并没有了解圆的本质特征是什么，这就激起了学生学习新知识的要求。

教师在学生处于困惑状态时提出，我这里有一把两脚规，有没有同学会用两脚规在黑板上画圆。学生回答不出什么是圆，但大多数同学是会使用圆规画圆的。此时学生的心理会由困惑转为活跃，迫切希望教师能让他到黑板前用圆规画圆。教师通过"用两脚规画圆的过程"的分析，揭示出圆的本质特征。

这样的处理既利用了学生原有的知识和经验，又引起了认知冲突。在整个学习过程中，学生会处于积极主动的学习状态。

（2）呈现给学生与他们已有认识相互矛盾的现象

通过呈现给学生与他们已有认识相互矛盾的现象，引起认知冲突，下面举例说明。

例 3-2　负数的引进

在引进负数之前，先让学生练习以下各题，教师再出示自己的答案（与学生已有认识矛盾的答案）。

问题一：某学生带了 8 元钱去文具商店买文具用品，如果他选购了 0.4 元一本的作业本 8 本、4.6 元一支的钢笔一支，问该生带的钱是有余还是不够，有余或不够多少？

如果他选购 0.4 元一本的作业本 6 本、4.6 元一支的钢笔一支、1.6 元一支的圆珠笔一支。问该生带的钱是有余还是不够，有余或不够多少？并用算式表示出来。

问题二：甲乙两站相距 9 公里，1 路公共汽车以平均每小时 15 公里的速度往返于甲乙两站之间，若把从甲站开往乙站视为上行，反之视为下行。问汽车从甲站开出 20 分钟后，汽车是上行还是下行？汽车距乙站几公里？汽车从甲站开出 40 分钟后，汽车是上行还是下行？汽车距乙站几公里？并用算式表示出来。

学生的答案：

问题一

8-0.4×8-4.6=0.2

答：还剩 0.2 元。

0.4×6+4.6+1.6-8=0.6

答：不够 0.6 元。

问题二

9-5=4

答：上行，距乙站 4 公里。

10-9=1

答：下行，距乙站 1 公里。

教师的答案：

问题一

8-0.4×8-4.6=0.2

答：尚余 0.2 元。

8-0.4×6-4.6-1.6=-0.6

答：不够 0.6 元。

问题二

9-5=4

答：上行，距乙站 4 公里。

9-10=-1

答：下行，距乙站 1 公里。

教师将自己的答案出示让学生核对时，学生会发现教师的第一题的第 2 小题、第二题的第 2 小题的答案与他们学过的知识矛盾，而引起奇怪和惊讶之感，这就是产生了认知冲突。此时教师再解释他是怎么做的。尚余 0.2 元和不够 0.6 元是两个具有相反意义的量，尚余 0.2 元用算术里学过的数 0.2 元表示，不够 0.6 元，就用-0.6 元表示，这样 8 元减去 8.6 元不够 0.6 元，就可用算式 8-8.6=-0.6 表示了。在第 2 题中，汽车从甲站开出 20 分钟行驶的路程小于 9 公里，汽车为上行，汽车距乙站的距离可用算式 9-5=4 得出；汽车从甲站开出 40 分钟，汽车行驶的路程为 10 公里，它大于 9 公里，此时要求汽车距乙站的距离仍用算式 9-10 表示，这时减数比被减数大 1，其结果可用-1 表示，得 9-10=-1，-1 就表示汽车是下行，距乙站 1 公里。

像上面那样，在算术里的数前面添上 "-" 号的数，叫作负数。原来算术里的数叫作正数，下面再具体介绍负数的引进，这样就可以引起学生对学习有理数的兴趣。运用选择冲突的方法，一个问题，如果提供几种答案让学生选择，当学生不知选哪一个答案才对时，由于认知上的冲突，就会产生求知的欲望。

（3）利用学生直觉与逻辑推理上的差距引发认知冲突

意大利哲学家、美学家克罗齐指出人的知识有两种，一种是直觉的，一种是逻辑的。前者是"从想象得来的"，后者是"从理智得来的"。而认知冲突常常产生于与科学概念相异的构想上。因此，在数学教学中教师可抓住学生在直觉与逻辑推理之间的差异来引发学生的认知冲突，培养学生思维的逻辑性。例如线段长度的比较一课中，教师利用学生的感官与现实的差距，先让学生们用眼睛目测线段的长度，得出哪条线段最长、哪条线段最短的结论，然后让学生们用尺子直接度量，得出与学生们眼睛所观察的结果完全相反的结论，使学生们产生认知冲突，从而对此节课的知识点兴趣盎然，印象深刻。

3. 引起"心理紧张"

"心理紧张"是学习目标与已有知识、经验发生冲突时的心理状态。如果学习者的心目中有一个或几个目标，但他又不能发现直接达到这些目标的畅通途径时，就会产生一种困惑、不安、紧张的状态。这种状态一直延续到找到通达的途径，问题获得解决才消退。一旦问题解决，学生就会体验到智力劳动的愉快，发现自己的智力价值，获得心理上的满足，学习兴趣也由此而产生。这正如波利亚所说的那样，数学教师"如果他把分配给他的时间塞满了例行运算来训练他的学生，他就扼杀了学生的兴趣，妨碍了他们的智力发展，从而错用了他的机会。但是，如果他给他的学生以适合他们程度的问题去引起他们的好奇心，并且用一些吸引人的问题来帮助他们解题，他就会引起学生们对独立思考的兴趣，并教给他们一些方法"。因此，一个数学教师决不能把课本的知识硬灌给学生，而是要向学生的智力挑战，要将所学的知识组成不同的智力阶梯，让学生通过攀登，使自己的原有水平向学习目标靠拢。那么，怎样的问题才能引起学生的"心理紧张"呢？

其一，问题有价值，具有思考性；其二，问题有一定的难度，但经过努力可以获得解决。

如果问题简单，是复现、背诵式的问题，就不会引起"困惑、不安和紧张"。如果问题难度太大，也不会引起"心理紧张"，而处于"无动于衷"的状态。

学生由做错或不会做，到知道做错，再到了解怎样来比较有理数的大小。在这样由错到对的进程中就会引起对有理数学习的兴趣。

4. 保持刺激的新颖性和变化

刺激的新颖性能引起学生的好奇心，刺激的变化能引起学生的新鲜感。在教学过程中，如果能经常保持刺激的新颖性和变化，就能激起学生的学习兴趣，引起学生的注意、关心和探索行为。

在数学教学中，选用新颖的、活动的教具，采用生动形象的语言，采取鲜明的对比，采用多种教学形式等，都有利于刺激的新颖性和变化的保持。下面举例说明。

（1）利用"磁性示教板"进行平面几何的教学

在平面几何的教学中，图形的直观性对学习起着重要的作用，在几何教学中常常涉及图形的拼合、翻转、旋转、平移，改变角的大小和线段的长度，等等，但是由于黑板的局限性，在黑板上不能把这些动作直观地、清晰地反映出来。苏州大学的徐志鹏研制了一种"磁性示教板"，就是在黑板的后面按一定的线路分布着永久性小磁块，用钢条、铁片、钢片制成活动的平面图形的模型、字母与字码。用这种磁性示教板就可以将图形的拼合、翻转、旋转、平移等清晰地反映出来，同时在黑板上可以随时改变线段的长短和角的大小。用这种"磁性示教板"进行平面几何的教学，图形就由原来的"死的"变成"活的"，学生在学习中就有一种新颖和醒目的感觉。在他们的实践过程中发现，凡是采用磁性示教板进行教学时，学生的注意力一下子就被吸引住了，中学生反映，凡使用磁性示教板进行教学的内容，印象最深刻，理解最清楚。

（2）采取多种形式进行教学

心理学的研究表明，一个人在单调的环境中待的时间越长，越感到烦闷和厌倦。

因此我们决不能把教学活动固定在一个模式之中，而应采取多种形式来进行，教师应根据教学的目的、教材内容和学生特点的不同，对教学形式做出相应的变化。从师生活动的形式来看，可以由学生自学、小组讨论、教师的讲解交换进行，可以将独自操作、独立作业、实验演示等多种形式穿插安排。在可能的条件下，配以现代化教学手段和设备的使用，使学生在一个生动活泼而又有一定压力的环境中学习。

（3）采取生动形象、深入浅出的教学方法

从现实生活中引出令人深思的问题，采取生动形象、深入浅出的讲课方法，能唤起学生的学习兴趣。下面介绍一位教师在讲解"变量"的概念时，从生活中的问题出发，采用生动形象的语言讲课，取得好效果的例子。

课题：变量的概念

某教师经过了解发现学生在日常生活中已经接触过许多变量的例子，获得了丰富的感性认识。因而决定从学生原有的感性认识的基础上来帮助他们提高到理性认识。

教师通过了解，发现该班学生王斌的父母是双职工，只有一个孩子，王斌每天要上学。为了中午下班后能早一点儿吃饭，王斌的母亲交给王斌一个任务，在上学之前将中饭烧好放在保温桶里。另一同学王小虎刚买了一件新衣服，他母亲考虑到小虎正是长身体的时候，衣服买得较长较大，不太合身。教师决定从这两个生活实例出发，展开变量概念的教学。

教师在揭示课题之后，开始发问，问：王斌，据同学反映，你母亲交给你一个任务，每天上学前要将中午的饭烧好。是吗？

答：是的。因为爸爸、妈妈都要上班，我要上学，早上将中饭烧好，中午回去就有饭吃了。

问：早上将饭烧好，中午回去时不是都冷了吗？

答：我把饭烧好后放在保温桶里，中午回去时饭仍然是热的。

教师：对！王斌考虑到饭烧好后它的温度是变化的，由原来的100℃逐渐变化到室内温度。他采取了将饭烧熟后放在保温桶里这一措施，使饭温度的变化放慢，这样中午回去就可以吃到热饭了。

教师继续发问。

问：王小虎，你穿的这件衣服是新的吧？是谁给你买的？

答：是新的，是妈妈给我买的。

问：为什么你妈妈给你买得又长又大，不太合身呢？

答：妈妈说，我正是长身体的时候，买得长一点儿、大一点儿，明年、后年还可以穿。

教师：你妈妈做得对。你们正是青少年时期，个子要长高，现在买得稍长、稍大一点儿，一件衣服就可穿几年了。

教师小结：饭的温度和人的身长都是一个量。为什么饭烧好后要捂好呢？为什么替青少年买衣服时要买得长一点儿、大一点儿呢？就是考虑到这些量在某一过程中是变化的。饭的温度从早晨烧好到中午，要由100℃变化到90℃、80℃到室内温度。青少年时期，他们的身长要由1.5米长到1.56米、1.6米、1.7米等。像这些在某一过程中可以取不同数值的量，叫作变量。

定义：在某一过程中可以取不同数值的量，叫作变量。

教师：在日常生活中，我们接触过的变量很多。例如汽车在行驶的过程中，汽车行驶的时间和路程都是变量。江河里的水位在一天内也是变量。同学们能再举出一些变量的例子吗？

答：一天之内，室内的温度是一个变量；汽车在行驶时，油箱里的汽油量是一个变量；一年之内，水库里的存水量是一个变量。

教师：回答得很好！现在请大家再考虑一个问题：在某一过程中，变量的变化是不是可以无限制地变化下去？例如饭的温度、人的身长是不是可以无限制地变化下去？

答：不能。在某一过程中，变量变化的范围是受到限制的，例如饭的温度从早上到中午的时间内，从100℃变化到室内温度，人长到一定的时候就不再长了。

教师：对！在研究某一问题的过程中，不但要注意到量变化的一面，还要注意到量在变化过程中受到限制的一面。

定义：在某一过程中，变量可以取某一个区域里的值，这个区域叫作变量的取值范围。

接着教师举出一些实例和数学式子，让学生来确定其中变量的取值范围后，结束本课。

5. 教师输入的信息量要与学生加工信息的能力相协调

教学过程是一个信息的传递、加工、储存、输出的过程。在教学过程中，能否引起学生的兴趣和注意与输入的信息量是否恰当有关。如果外界输入的信息量超过了学生对信息的加工水平，就会产生恐惧、回避或疲劳的感觉；如果外界输入的信息量低于学生对信息的加工水平，便会产生烦闷和厌倦的情绪。只有当输入的信息量正好达到他们加工信息的最佳水平时，才能唤起学生的兴趣和注意。在数学教学中，怎样才能使输入的信息量达到最佳水平呢？

（1）教学内容的深浅要适当

教学内容的深浅是否适当与能否引起学生的兴趣和注意有关。教学内容如果浅了，学生感到没有获得什么新知识，他就不感兴趣；如果内容深了，学生听不懂，也同样不会感兴趣。只有内容深浅适当，学生既能接受，又有所收获，才会引起学习的兴趣。

（2）讲课的速度要适当

教师讲课的速度既不能太快，又不能太慢。太快时，学生的思路跟不上，听课感到吃力，会出现紧张与疲劳；太慢时，在他们的意识中就会出现一些与学习无关的思想，注意力就会分散。只有当讲课的速度与学生的思维活动相适应时，教学内容充分占有学生的意识时，才能引起学生的兴趣和集中学生的注意。

（3）教材的重点与难点的安排要适当

学习是一种艰巨的劳动，教学中的重点、难点需要学生努力去观察、思考才能掌握和突破。如果在教学内容的安排上，重点、难点过分集中，就会使学生的脑力消耗过多而引起疲劳。

对于水平不齐的班级，采取统一要求和同一步调是难以做到内容的深浅适当的。

满足了水平较高的学生，水平低的学生"吃不了"；满足了水平低的学生，水平高的学生"吃不饱"。同时由于认知水平的差异，讲课的速度也难以做到适当。讲快了，水平差的跟不上；讲慢了，水平好的学生"干着急"。因此，对这种"水平"不齐的班级，就要在班级授课制下采取分层次的教学，才会收到较好的效果。

下面介绍一位教师所采取的分层次的教学方法。该教师采取这样的方法来组织教学，既引起了水平较高的学生的兴趣，又引起了水平较低的学生的学习兴趣，从而取得了较好的效果，具体做法如下：

首先，为不同水平的学生提供有层次的自学和练习材料。自学材料按以下要求编写：①供基础较差的学生自学的材料，起点低一点儿，步子小一点儿、慢一点儿，让他们经过一定的努力之后，有可能将提供的材料弄懂、弄会，为能听懂教师讲解的内容做好知识上的准备，架好"认知桥梁"。②给水平较高的学生提供的自学材料，起点高一点儿，思考性强一点儿，创造性成分多一点儿，使他们感受到一种智力的挑战，使他们的智能得以很好的发挥。③中等水平的自学材料，起点低一点儿，终点高一点儿，在材料中间适当穿插一些提示或暗示。

然后让学生自学教师提供的自学材料。三种材料全部发给学生，由学生根据自己的情况，选择一种或两种材料进行学习，教师巡回指导，对成绩差的学生予以帮助，对成绩好的学生予以启发或暗示，这样，每位学生都可以根据自己的情况，逐步地完成教师所提供的自学材料，速度快的可以再对较高层次的材料进行学习，速度慢的能把最低层次的学完即可。

其次，教师对教学内容做重点讲解。教师的讲解根据学生自学时所获取的反馈信息有针对性地进行。着重讲清知识的来龙去脉、前后联系，解决问题的思想、手段和方法；讲清知识内容之间的逻辑联系、因果关系等。讲课以中等水平为准并兼顾两头。

最后，布置较低要求、中等要求、较高要求三种类型的作业让学生自由选做，使高、中、低三种水平的学生经过努力都能完成一定数量的作业，在知识与技能方面都能得到相应的提高。

（二）提供思维素材

思维要经过对有关材料进行分析、综合、比较、抽象概括等过程来实现。如果没有一定的思维材料为基础，间接的、概括的认识就难以实现。

思维材料分为两类：一类是感性的材料，它是依靠具体表象来进行思维的材料；另一种是理性的材料，它是依靠概念、判断和推理等基本的思维形式来进行思维的材料。

当学生的思维还处于具体形象思维活动的水平时，思维材料以感性的材料为主；当学生的思维已从具体形象成分占主导地位过渡到以逻辑抽象成分占主导地位时，思维材料以理性材料为主。

思维材料是否丰富、典型、正确，将直接影响到思维能否顺利地、正确地进行。因此，有经验的教师十分重视对思维材料的选择。那么，在数学教学中，怎样向学生提供思维材料呢？

1. 通过语言直观勾画出学生已有的表象

对某些知识，如果学生在日常生活和学习中已经获得比较丰富的感性知识，在教学中，可通过语言引起学生的回忆，使有关事物的表象在记忆中得以恢复，作为理解知识的基础。在通过语言直观勾画出学生已有的表象时，应注意表象的完整性、稳定性、鲜明性和正确性。

例 3-3　方位角的概念

对于方位角，学生接触得虽然比较少，但是选择一个基准方向来确定目标的位置，这方面的感性知识学生还是比较丰富的。因此，对方位角概念的学习，可通过语言直观勾画出学生已有的表象，并在此基础上引导学生进行分析、综合、抽象、概括，掌握其本质特征。具体做法步骤如下：

步骤 1：让学生指出一些他们所熟悉的地点的方向，例如让学生指出某桥在哪一个方向（假如东南方向）、某山在哪一个方向（当地较有名的山，假如在西北方向）。

步骤 2：让学生考虑在确定某一地点在哪一方向时，应用了哪些已知的因素，比如测点和基准方向，在这一基础上帮助学生明确两点：

第一，要测定一个目标的方位，首先要选定测点，还要有一个已知的方向作为基准方向。

第二，以测点和目标的连线与基准方向的夹角的大小来确定目标的方位。例如在确定目标某桥的方位时，以我们的所在地为测点，以向东方向为基准方向，目标和测点的连线与基准方向的夹角南偏东 45°，因而断定某桥在东南方向。

步骤 3：讨论在大海、天空或生疏的地方如何来确定目标的方向。

在一个熟悉的地方不会迷失方向，而到一个生疏的地方就容易迷失方向，这是什么道理呢？这是因为在熟悉的地区，哪一幢房子朝南、哪一幢朝北，这些我们是知道的，这就给我们提供了基准方向。但是，在一个生疏的地方，这些条件没有了，没有一些实物可以提供我们已知方向，所以就容易迷路了。那么有没有办法来解决这个问题呢？我国古代早就发明了一种指南针，从指南针中，可以知道哪一个方向是正北方向，因此，在航海、航空以及在一些生疏的地区，我们只要携带指南针，就随时可以知道哪一个方向是正北方向，这样就不会迷失方向了。

步骤 4：介绍方位角的概念。

有了指南针，我们就知道了正北方向，以正北方向为始边，以方向线为终边，就可以确定目标的方位了。但是以正北方向为始边、以方向线为终边来计算角的大小时有两种方法，一种是顺时针方向，一种是逆时针方向。为了统一起见，一律规定以正北方向为始边，顺时针方向转到方向线所成的角用来测定目标的方位。我们把这样的角叫作方位角。

2. 通过实物、模象直观，形成学生鲜明的表象

（1）要采取变式

直观材料往往具有片面性。因此，在组织学生对实物、模象进行观察时，要采用变式如变换实物、模象的大小、形状、位置以及实物或模象之间的相互关系等，使观察对象的非本质属性得到变异。如果不采用变式或变式用得不充分、不正确，就会引起两种错误：不合理地缩小概念的内涵或不合理地扩大概念的内涵。

例 3-4 三视图教学

在引入课题时，从教师收集图片转向学生自己收集。在一般的教学中，教师往往采用一些自己收集的图片来引出三视图的概念，学生没有参与，没有情感的体验，激发不了学习的欲望。

让学生自己收集图片，效果不一样。几何图形是抽象的，可是它在生活中的原型却是生动活泼的。上三视图内容前，教师先让学生回家或在信息课上自己上网搜索一些生活中自己熟悉的、喜欢的物体的图片，比如有学生收集到牛津英汉词典的图片。上课时，利用多媒体演示每个学生收集到的图片，学生的注意力都集中在课堂上，他们期待展示自己的劳动成果。并提问，学生收集到的图片分别是从哪个方向观察几何体得到的。

接下来在做例题和练习时，应从先教后学转向先试后导。实物形状、几何体与三视图之间的相互转换关系，不但是一个思考过程，也是一个实际操作过程。无论是做立体模型还是画出图形，都要在头脑加工和组合的基础上，通过实际尝试和动手操作来实现。这是一个充满丰富想象力和创造性的探究过程，对发展学生的空间观念、对培养学生初步的创新精神和实践能力是十分重要的。作几何体的三视图是培养学生空间观念的一个重要途径。

作图过程一般分三个环节进行：①教师出示几何体模型，学生根据模型画出三视图。②学生先按题目要求凭自己的想象画出三视图，然后与教师出示的实物模型对照。③学生自己制作模型，通过切割剖析三视图。在进行例题的教学时，教师直接给出实物模型，按照图示的方式摆放在讲台上，让学生独自画出三视图。由于学生经历了法则的发现过程，大部分学生不用老师讲解就画出了三视图，即使少数学生不确定，看了模型或与同伴交流之后再画，学习任务也在轻松自在的氛围中完成了。

（2）采用活动的教具、模型加以突出

在复合刺激物中，弱的组成部分常被强的组成部分所抑制，这些弱的组成部分虽然还是参与在刺激物的反应之中，但它们好像是知觉背景，而不能获得强烈的反应。因此，在组织学生观察模型、教具时，对学生容易忽略但又是极其重要的特性，应尽量采取活动教具、活动模型加以突出。

（3）尽可能使学生多种感官参加活动

人们的不同感官从不同的角度将事物反映到大脑皮层。在感知过程中，如果多种感觉器官参加活动，就能提高感知的效果。因此在组织学生对实物、模象进行观察时，应尽可能使他们的视觉、听觉、触觉、运动觉等感官都来参加，以此来提高感知的效果。

3. 通过演示实验向学生提供思维材料

在数学教学中如果通过演示实验来提供思维材料，不仅可引起学生的学习兴趣，还可以使学生获得强烈的反应，因此，如有条件应尽量采用。

在针对"直角坐标系"进行数学实验设计时，教师可以让学生对自己家的位置进行坐标系定位式描述，也可以在教室中用直角坐标系的方式写出一个位置，让学生通过最快的方式找到这个位置。教师在对学生进行学习指导时，一定要注意自己的方式方法，要通过引导式的方法帮助他们自己想出答案，而不能直接给出答案。另外设计的实验方案一定要符合学生的年龄特点，要贴近他们的生活和认知，切记问题不能过难，那样非常容易让学生失去兴趣和信心。

4. 通过形象化的语言对事物进行描绘

有些知识学生的感性材料并不丰富，而且采用实物或模象直观也有困难。此时，可通过形象化的语言对事物进行描绘，激发学生的想象，以形成对某一事物的想象。

例 3-5　"0" 的意义

数 "0"，在小学算术中，只是表示 "没有" 的意思。在引进了负数之后，0 的意义就广泛得多了。下面介绍一位教师是怎样通过形象化的语言对 0 这一概念进行描绘帮助学生理解 0 这个中性数的意义的。

教师：以上我们已经介绍了正数和负数的概念，下面我们来谈谈 0 的意义。

数 "0" 在小学算术中只是表示 "没有" 的意思。但是在引进了负数之后，如果仍把 "0" 理解为 "没有"，那就不够了。下面我们举例来说明。

教师叙述：有一个小孩背着书包上学校，路上遇到妈妈下夜班回来。小孩问妈妈："妈妈，几点钟了？" 妈妈回答："快走，还有 10 分钟。" 小孩没有听妈妈的话，走路时仍东张西望，到学校抬头看门口的挂钟时，着急地说："不好，已过 5 分钟了。"

大家想一想，妈妈回答时没有告诉小孩几点钟，而是告诉他 "还有 10 分钟"，小孩到学校看钟后也没有讲几点钟，而是说 "已过 5 分钟了"，他们所说的 "还有 10 分钟" 和 "已过 5 分钟"，是对什么时间说？

答：是对上午第一节课的上课时间来说的。

教师：对，他们在讲话时都是用的省略语，完整地说应该是 "快走，离上课时间还有 10 分钟""不好，已经上课 5 分钟了"，如果我们规定 "还有" 为正、"已过" 为负，那么还有 10 分钟记为 "+10" 分钟，已过 5 分钟记为 "-5" 分钟。上午第一节课的上课时间就记作 "0" 分钟。

在这里，0并不是"没有"，而是表示某学校上午第一节课的上课时间。

从以上问题可以看到，在引进了负数以后，0的作用就不仅仅是表示没有了。0是正数和负数之间的界限，它既不是正数，也不是负数，而是介于正数和负数之间的一个整数，我们常常把0叫作中性数。

5. 通过复习旧知识为新知识提供思维材料

理性的材料，它是依靠概念、判断和推理等基本的思维形式来进行思维的材料。

这一类思维材料属于抽象的材料，这些理性材料是在感知新课题的条件与问题的基础上通过联想而得到的。但是学生在解决新课题时，往往由于有关知识巩固程度不够，再现的知识并不是所必需的，有些甚至会导致错误，这样就会使思维受阻。因此，在学习新课时，为了帮助学生顺利地再现所学知识，可采取适当复习旧知识的方法为新知识的学习提供思维材料。在通过复习旧知识为新知识提供思维材料时，如果这些材料是通过自己动手得到的，那么他们对这些材料的印象就更加清晰、完整。因此提供有关的理性材料时，应尽可能由学生在复习旧知识的基础上，自己动手而得到。

6. 通过与新知识有关的问题的解决来提供思维材料

有些新知识学生过去缺乏这方面的认识，学习时常常产生困难。为了克服学习中的困难，可让学生先解决一些与新知识有关的问题，使他们在解决这些问题的过程中获得初步的认识和经验，为理解新知识打好基础。

例如有些教师在讲授"负数"时，他并不是像书上那样讲"零上"与"零下"、"上升"与"下降"等"具有相反意义的量"，而是先问学生"2-1=?""1-2=?"。这样的问题对初一学生来说，很有吸引力。对被减数小于减数的问题，学生会说："不够减。"

教师接下来会问："欠多少才够减？""欠2。"这时可引进记号"-2"表示"欠2"，并指出：除0以外的数前写上"-"（称为负号）所得的数叫负数。这样引入新课既让学生了解负数的意义，又弄清引入负数的目的。这样引入新课能有效地把教师的主导作用和学生的自觉性很好地结合起来，也是常用的引入新课方法。

（三）创设思维具体情境

思维是由人们的认识需要引起的，没有认识需要，就不会引起思维。那么在教学中怎样来引起学生的认识需要呢？我国古代教育家孔子在长期教育经验的积累中，将它总结为"不愤不启，不悱不发"八个字。"愤"是欲求明白而不得，"悱"是想说又说不出来。也就是说，要能引起学生的积极思维，就要创设一个对问题欲求明白而不得、想说又说不出来的情境。在这样的情境下，学习者就会主动地进行思考，在学生经过紧张思考而不得时，教师再进行恰当的启发和引导，问题就可迎刃而解了。

在数学教学中，怎样创设思维情境呢？

1. 通过"激疑"来创设思维情境

学习中如果有疑，就会引起释疑的要求，也就引起了认识需要。因此，我国古今许多教育家都主张通过激疑来引起学生的思考，促进学习上的长进。例如北宋的张载说："所以观书者，释己之疑，明己之未达，每见每知所益，则学进矣，于不疑处有疑，方是进矣。"南宋的朱熹说："读书无疑者，须教有疑，有疑者，却要无疑，到这里方是长进。""群疑并兴，寝食俱废，乃能骤进"，激疑可通过以下一些方法来进行。

（1）立"障"

教师根据教材内容，有意识地设计一些有障碍的问题让学生操作或练习，学生在操作或练习的过程中发生障碍，而激起疑问。

例 3-6　三角形三边之间的关系

某教师为了引起学生学习三角形三边的关系的认识需要，事先准备好三组长分别为 7、8、9、4、6、10、4、5、10cm 的铁丝。在学习"三角形任意两边之和大于第三边"的定理之前，指定三位同学到讲台前分别用以上三组铁丝组成三角形的模型。当第一位同学用第一组铁丝很快组成三角形而其他两位仍迟迟不能构成时，下面许多同学举手要求让他们来操作，教师换了两位同学到讲台前来操作，但这两位同学也不能用这两组铁丝构成三角形的模型，这时就激起了同学的疑问：是这两位同学不会做呢，还是根本就不能做呢？如果是不能做的话，原因何在呢？这样就为学习"三角形任意两边之和大于第三边"创设了思维情境。

（2）设"疑"

在教学中，教师可根据教材内容设计一些学生容易忽略或容易产生错误的问题让学生判断。由于学生过去对这些问题没有深入思考过，容易做出错误的判断，此时教师指出其判断是错误的，学生由此会产生疑问："这一回答不对吗？错在哪里呢？"

（3）追"问"

追"问"是引起学生产生疑问常用的一种方法。如果对某个问题，追问几个为什么，这样就会激起学生的疑问，促使其积极地思考。

2. 通过"设问"来创设思维情境

人们在生活与实践的过程中，如果碰到了新的活动情况和新的问题，已有的知识和经验已经不能应付和解决的情境时，就会引起人的积极思维，以寻求适应新的活动情况和解决新问题的方法和手段。反之，在生活与实践的过程中，凡是在用已有的动作方式、已有的知识和经验可以应付过去的情况下，问题情境就不会发生，积极思维就不会引起。

在教学中，如果我们能设计出一些与教学有关的、学生感兴趣的问题（这些问题看来容易，却要用新知识才能解决），让学生去解决这些问题，由于学生感兴趣，都跃跃欲试。可是，当他们动手去解决时，却又不知从何下手。这样就为学习新知识创设了思维情境。

（1）设计出与新知识有关的生活、生产中的实际问题让学生去解决

凡是与人们生活有关的事物、在生活中被期待的事物，与已有知识有联系而又能增进一个人新知识的事物都能引起人们的直接兴趣。在教学中，如果我们注意从学生感兴趣的生活生产实例出发，提出与教学内容有关的具有思考性的问题，让学生去探索、去解决，这就能激起学生的认识需要，为学习新知识创设思维情境。

（2）让学生在解决问题的过程中出现新问题

如果学生在解决某问题时，开始进展非常顺利，但是在问题解决的过程中突然出现了新的情况或问题，这些新的情况与问题一下子找不到解决的方法和途径，此时就会产生一种"欲进不得，欲罢不能"的心理状态。这样就为学习新知识创设了思维情境。

（3）通过揭示新旧知识之间的联系来"设问"

数学中的许多知识之间是相互联系的。在教学中，教师可根据新旧知识之间的联系，设计出与新知识有关的问题。这样，就可以在对这些问题的探讨中为新知识的学习创设思维情境。

（4）通过类似对象的比较来"设问"

数学中有许多可比较的对象，例如乘法与乘方、分式与分数、方程与不等式、等差级数与等比级数。在教学中，如果注意比较这些新旧知识的相同点与不同点，就可以在复习旧知识的基础上为新知识的学习创设思维情境。

（5）通过数学故事来"设问"

故事是学生感兴趣的教学因素。在教学中，如果我们讲述一些与教学内容有关的故事，并从故事的内容中，设计出一些问题让学生思考，就能较好地为学习新知识创设思维情境。

3. 引起"争论"，促进思维的展开

在教学过程中，如果能引起学生的争论，就能促进思维的展开。青少年具有好学、好胜、好奇的特点，如果在学习中有了争论，则争论的各方都会想法寻找理由以驳倒对方，而思维就可得到积极的展开。同时，在争论过程中，各摆各的理由，这样就有利于互相交流、互相启示，促进思维深入地开展，达到愈辩愈明的效果。

例 3-7 比如九年级上册"一元二次方程"中有这样的描述："任何一个关于 x 的一元二次方程都可以化成 $ax^2 + bx + c = 0$（a、b、c 是常数，$a \neq 0$）的一般形式。"针对这个描述，为了加深学生的印象，我们可以这样问：为什么规定"$a \neq 0$"这个限制条件呢？b

可以为 0 吗？对于第一个问题，学生根据方程的概念即可准确判断，但对于第二个问题则产生了争论。

生 1：不能为 0，因为如果为 0 就不叫一元二次方程的一般形式了。

生 2：b 可以为 0，比如"$ax^2 + c = 0$"这样的形式也应该叫一元二次方程，它符合一元二次方程的概念特点。

生 3：c 可以为 0，比如"$ax^2 + bx = 0$"，根据概念，它也应该是一元二次方程。

生 4：b、c 可以同时为 0，"$ax^2 = 0$"也是一元二次方程。只不过它的解是唯一的，只能为 0。

师：看来，判断一个方程是不是一元二次方程的关键有两个：一是未知数的最高次数必须为 2，二是未知数的二次项系数不能为 0。

通过争论，学生对一元二次方程的概念及表现形式有了更为透彻的理解，遇到类似的探究问题也就不会忽略一元二次方程的构建条件了。可见，争论的过程本身就是一个美妙的生成。生动地创造着数学探究活动的情境。其实，在各种各样的探究活动中，一个方案的设计、一种思路方法的选择、一个辅助线的加设、一个解题步骤的布局等，都可以引起争论。在争论中，教学活动才会使明者更明、误者纠误，水落石出。

4. 通过实验来创设思维情境

实验是学生感兴趣的教学因素。在数学教学中，如果能根据教材的特点，组织一些有趣的实验，让学生在实验中发现真理，然后再来探讨它们的理论依据，就能较好地为新知识的学习创设思维情境。

数学实验可分类为如下三类：①定性实验——判定某因素、性质是否存在的实验。如举正反例过程。②定量实验——用来测量某对象的数值、数量间关系的实验。如三角形内角和实验。③结构分析实验——用来测定某对象的内部各种成分间结构的实验。

例如，求证：若为奇数，则能被 1947 整除。做实验得，于是考虑若能被 59 和 33 整除，则一定能被 1947 整除。

1777 年，法国数学家布丰提出并解决了一个概率问题：投针问题。这个问题给人们以巨大的启迪：数学与实验不仅有缘，而且有着十分密切的关系。投针问题用数学语言表述如下：平面上画着一些间隔为 a 的一组平行线，在平面上随机地投掷一枚长为 l 并且质量均匀的针，假定 $l < a$，试求此针与平行线相交的概率。该问题的结果提供了实验方法求值的理论依据。设 n 是投针的总次数，m 为针与平行线之一相交的次数，布丰本人证明，这个概率是 $p = 2l/\pi a$。后来像英国的史密斯、瑞士的沃尔夫、英国的福克斯、意大利的拉泽里尼等数学家都借助于这个实验模型进行关于 π 值的验证，曾一度把 π 值精确到第六位小数。

在数学中实验法可以用来发现或验证许多数学对象的性质。如几何中对各种图形面积、体积的计算公式的导出常使用割补法变换成易于计算的等积图形来加以解决，三角形内角和定理、勾股定理、圆锥体体积公式、球的体积公式等定理或公式的验证，都是实验法在数学中的具体应用。

此外，运用观察实验法也可以发现数学定理、公式。数学中的定理、公式，都是数学对象间的关系的一种反映或描述，而数学对象间的关系很多都可以从对数学对象的直接观察或实验得来。

数学教学中，为了帮助学生学会实验方法，教师应该尽可能创设条件让学生通过实验来发现规律，归纳出命题，然后再予以证明，这样不仅有利于学生掌握实验的科学方法，还有利于培养学生的发现能力。

5. 通过激发数学的美感来创设思维情境

数学中蕴含着许多美的因素，其基本内容表现在对称性、简洁性、协调性、守恒性、统一性等方面。在数学教学中，如果我们重视激发数学的美感，不仅使学生获得美的事物，还有利于激发学生的求知欲望和探讨、研究新问题的要求。

例 3-8　等腰三角形的性质

为了激发学生的美感，在讲解等腰三角形的性质之前让学生观察两组图案。一组图形中有等腰三角形、菱形、正多边形、圆，另一组图形中有任意三角形、任意四边形、任意多边形、一条任意的曲线，然后发问。

教师：上面的两组图形，设计人员在设计图案时常选用哪一种图形？

答：常选用第一组中的图形。

教师：为什么大多选取第一组中的图形来绘制图案呢？

答：用这些图形设计出来的图案比较好看。

教师：对！用这些图形设计出来的图案能给人以美的享受。那么，这些图形美在哪里呢？

答：对称。

教师：是对称。这些图形有这样一个特点：我们都可以找到一条直线，使该图形分成的两部分全等。现在请大家想想，等腰三角形是关于哪一条直线对称的？你能找出这条直线吗？

这样就为学习等腰三角形的性质创设了思维情境。

第二节　中学生数学能力及其培养

随着素质教育和新课改的全面深入推进，对教师的教学水平和教学效率以及学生的探究能力和综合素质水平提出了新的要求，传统的教育教学方法已经很难满足新时代背景下的教学需求。因此广大中学数学教育工作者在日常的教学活动中要充分重视学生探究能力和综合素质的培养，勇于创新，与时俱进，不断探索行之有效的教育教学方法来满足当前教学需求和素质教育及新课改的教学目标。对于中学数学而言亦是如此，在日常的教学活动中，教师要充分重视学生探究能力的培养，通过提升学生的自主学习能力、小组合作学习、设置开放性探究问题、借助于信息技术手段等教学方式方法来全面提升学生的探究能力水平，让学生的数学学科综合素养得到全面提升。

一、运算能力的培养

数学运算是中学数学的重要内容之一。在小学阶段，整数、分数、小数的四则运算是数学的主要内容。中学数学不仅扩大了数的运算范围——从算术数逐步扩大到有理数、实数、复数的运算，而且运算的对象也在发展、拓广——从数的运算发展到式的运算，运算的级次也在逐步提高——从四则运算逐步发展为指数、对数、三角运算。随后，在数和式运算的基础上，运算对象又发展到函数、集合、命题。由此可见，运算贯穿于中学数学的始终，培养学生对数、式的运算能力是中学数学教学的基本要求。根据数学运算的特点以及能力形成与发展的基本理论，在教学中可从以下几方面着手培养学生的运算能力。

（一）帮助学生准确理解和掌握基础知识

数学概念、公式、法则、性质中，有的是运算的依据，说明了"为什么这么做"的理由；有的是运算的方法与步骤，给出了"如何做"的程序，即算法。学生学习了有关的概念、性质、公式，在理解的基础上记忆法则、步骤，然后通过一系列操作活动（即练习），逐渐形成某种运算技能。在数学学习中，运算不正确的原因常常是概念模糊，公式、法则遗忘、混淆或运用呆板的结果。比如，因式分解有困难的学生对相关知识的掌握存在以下一些问题：

1. 对整式运算、因式分解概念认识模糊，从而难以确定一个整式进行怎样的变形才属于因式分解。

2. 对因式分解的方法、步骤等算法性知识掌握水平很低，以至于出现分解不彻底、找错公因式、用错公式等错误。

3. 对"知道十字相乘法一般用于什么整式的分解吗?""能正确选择某种方法对整式进行分解吗?"等问题不能做出正确或肯定回答,说明了知识学习的机械性和呆板性。

为了帮助学生理解知识,在教学中可采取以下措施:(1)以学生已有知识经验为认知基础,引入概念、公式、法则等,有助于学生增强对新知识的理解。(2)帮助学生在算理与算法之间建立联系。对于数学运算来说,只要记住算法,并合乎规则地运用算法,一般情况下总能求得正确的解答,因此学生常常满足于死记法则、步骤,然后按部就班地对无意义的符号进行机械操作,既不知道这么做的目的,也不知道这么做的理由。我们要促使学生在理解知识的基础上牢固掌握各种算法,必须帮助学生建立或了解算理与算法之间的联系。事实上,算理知识与算法知识本身就具有潜在的逻辑意义,这种逻辑意义在算法知识的推导过程中得以体现。可以让学生参与公式、法则、性质的推导、发现过程,这是促进理解的又一有效途径。

(二)培养良好的运算习惯

培育学生良好的运算习惯是教师在教学活动中应该关注的重点部分,同时也是2017版新课程标准所提倡的基本理念之一。很多学生运算时存在着不良的解题习惯,例如没有认真审题便急于做题、答题后没有检验运算过程的习惯、不反思总结错题的原因、没有尝试用多种方法解题的习惯。这些不良习惯势必会对运算解题产生一定消极影响,因此教师要从问题根源抓起,培养良好的运算习惯才是提高学生运算准确率的切实保证。

首先,做题的第一步也是至关重要的一步,就是审题。学生要从头到尾仔细地阅读题目的每一个字,尤其要注意题目中括号里的内容。对于题目中的一些重要条件可以选择用笔标记出来,避免出现因为漏看信息或忘记条件而导致错误的情况。学生在读题后,掌握了题目中给出的已知条件后,还要仔细思考题中是否有隐藏信息或者根据所给的信息你能推导出哪些结论,掌握了这些条件你才能顺利地进行下一步。在快速地梳理题目中的条件后,结合题目的问题在头脑中形成解题思路,书写解题过程。

其次,当学生在读题后有了清晰的解题思路后,规范完整地写出运算解题过程对学生来说也是一个短板。很多同学平时练习不认真,在头脑中有了解题思路后,简单写下运算结果应付了事。在真正考试时,学生动笔书写时漏洞百出,经常出现语言表达不规范、格式不正确等错误,导致因为解题过程不规范而扣分。这就需要学生在平时练习时就认真对待,完整仔细地书写每道题的运算过程,格式要严格按照书本上的例题的格式书写,既要保证过程的准确性也要注意书写的速度,避免因为解题速度慢而影响其他习题的解答。

再次,检验作为运算的最后一个环节,往往也是学生经常忽略的一个环节。检验可以更好地保证计算的正确性。所以，学生要形成检验的好习惯，就能避免出现很多不必要的失误。检验不仅仅是要对计算结果进行核对，还包括再次审题，仔细检查解题过程的书写是否完整，书写格式是否标准，出现多个解时是否有要舍掉的情况，结果是否化简为最简形式，等等。同时也能审查自己是否出现题目抄错、答案写错等低级错误，并及时做出改正。

最后，学生在运算后要有反思的习惯。学生在解题结束后，应该认真回顾解题的过程、解题思路和数学方法等。在反思的过程中发现解错题的问题根源，在不断摸索中提高运算能力。对于运算出错之处，学生应该及时进行自我反思，比如分析错误的原因所在，做相似类型题的解题思路是什么，有哪些是运算时容易忽略和要注意的地方，题中蕴含了怎样的数学思想，是否有其他运算方法。这样在不断质疑不断改进的过程中，学生在运算方面就会有明显的提升。学生在重新审视自我的过程中也对自己有更清晰的认识，明确自己的短板所在。学生也可以通过将典型错题记录下来，整理成自己的错题本，将问题分类整理，重点标明错误原因。复习时研读错题本就能知道自己的知识漏洞，从而有针对性地解决问题，有利于学生运算能力的提高。

例如在学习八年级下册的勾股定理时，有类常见的重点题型是"折叠问题"，这种题型既是难点又是本章的重点。有些学生遇到这种偏难的题型，没有做题思路，就会选择放弃。这时学生应该及时总结，将所有关于折叠的错题整理到一个模块，总结出利用勾股定理解答折叠问题的一般步骤：①根据折叠图形的性质找出相等的线段或角；②找出图形中的一个直角三角形，设图中某一线段为 x ，用数或含 x 的代数式分别表示出直角三角形的三条边长；③利用勾股定理列方程求 x ；④解方程求出 x 的值。然后再根据具体每道题来体会做题方法，下次再遇到相同类型题就能快速想到做题思路。

（三）进行科学系统的训练，促使运算技能的形成

数学运算是一种重要的数学技能，数学运算技能的形成过程，是对数和式进行处理的一连串外部操作方式以及内部心智活动方式，经过反复练习而达到熟练的、自动化的反应过程。技能训练是通过课内外的数学练习来进行的，要使训练科学合理，应注意几个方面：

1. 训练必须有序。学生对每个技能的掌握一般要经历从不会到会、从会到熟练的过程，因此，练习必须有计划、有步骤地进行。

2. 训练时间、训练量必须适中。心理学研究表明，任何一种技能训练在初始阶段，训练效果与训练的量或时间一般成正比，经过一段时间的训练后往往会出现停滞现象。

3. 进行变式练习。要使学生的技能达到熟练的程度，必须组织变式练习，就是改变

问题的非本质特征，保留其结构成分不变，具体方式有数学语句的表述变化、条件与结论互换、问题背景的变化等。

（四）增强学生的符号意识

2017 版的新课标指出建立符号意识有助于学生理解符号的使用，符号意识是数学表达和进行数学思考的重要形式。学生对符号意义的理解是培养符号意识的基础。符号意识的培养还取决于学生的符号应用水平和表达能力。然而数学符号本身具有抽象性，导致学生在理解上存在偏差，导致学生只会死记硬背，所以教师要通过各种方式采取有效教学手段帮助学生提高符号意识。通过调查发现学生存在以下问题：对符号的抽象意义理解不深刻、不灵活，符号运算较复杂时学生准确率下降，符号语言的转化能力较弱，符号面描述不精准、不简练。

1. 符号理解

教师在教学时不注重讲解符号的本质意义，学生对于抽象符号只能机械地记忆，只了解符号的表层含义，导致学生在符号运算题上屡屡失分。倘若学生能够深刻理解符号的深层意义，给学生的数学学习带来便利的同时也将有利于建立学生的数学抽象素养。比如对于数学符号"a"，数学运算中通常用"x"代表未知数，"a"和"b"用来表示长方形的长和宽。学生时间一久就容易形成固定思维，教师要在教学中多加以引导，让学生从形象思维上升到抽象思维。对于符号"a"，它不仅可以用来表示长方形的边长，同样还可以表示"一条直线""一条线段""一个数"等等。符号运算中学生经常会因为忘记考虑符号的实际意义而错题，这就需要教师在平时练习中，将数学符号置于多种实际情境中，分析符号在不同情境下代表的丰富实际意义。

2. 符号运算

符号运算在初中的运算中占有重要地位。有很多学生的符号运算题的准确率偏低，在面对一些较复杂的符号代数式时更容易出现错误。问题通常出现在学生对代数式的化简不彻底，较复杂的代数式运算出现马虎，用符号表示变化规律有困难，等等。由此，教师应该时时刻刻关注符号运算方面的培养。对于学生符号运算过程的书写要严格要求，要求学生的字迹一定要清晰工整，解题的步骤规范、有序。对于每一步运算的依据都要注明，利于学生形成严谨的思维。符号运算中通常蕴含着分类讨论、从特殊到一般的思想等，教师也要多注意学生数学思想方法的学习。

3. 符号表达

学生在符号表达方面也有待提高，学生的符号语言与文字语言之间转化能力较差，符号语言在表达时出现不准确、不规范等问题。例如初二学生在做运算题时很容易犯一个错误，经常将"平方和"$(a^2 + b^2)$与"和的平方"$[(a + b)^2]$混淆，学生对符号的本质理解不够透彻才会导致语言在转化时出现问题。因此，教师应该注重训练学生符号的转换，引导学生利用符号语言抽象出具有一般性的结论，引导学生学习使用精简的文字语言表达数量关系。

（五）重视运算过程中思维灵活性的训练

由于数学运算是具有明确方向、合乎一定规则的智力操作，因此，经过一定数量的联系之后，这种操作经验便形成某种固定的反应模式，也就是思维定式现象。"定式"既有积极的一面，也有消极的一面。在教学中要培养学生运算的灵活性，克服思维定式的消极作用。

在掌握通性通法的基础上进行适当的技巧性训练。在掌握通性通法的基础上介绍一些巧法，进行一些适当的技巧性训练，不仅会使学生产生一种积极的情绪体验，激发起学生对数学学习的浓厚兴趣，而且会使学生认识到，已掌握的通法并不是唯一的解题方法，还可以根据题目的特点，改变考虑问题的角度，去寻求更简洁巧妙的方法。这样训练的结果必将克服定式现象的消极作用，有助于思维灵活性的培养。

进行适当正向思维与逆向思维的转换训练，培养学生从一种心理运算转换为另一种心理运算的能力。逆向思维是发散思维的一种形式，它是从已习惯思路的反方向去思考、分析问题，表现为逆用定义、定理、公式，或者从反面去考虑问题。中学阶段许多运算或变形都是互逆的，而且这些互逆的运算和变形常常是同一个公式正向或逆向运用的结果。教师可以很好地利用这些素材，对学生进行包含正向问题和逆向问题在内的题组训练，以培养学生从一种心理运算转换为另一种心理运算的能力。

（六）合理使用学习工具

计算器的应用对于数学教育的发展有推动作用，它让学生的运算更加便利，与此同时也带来了很大的消极影响。有部分学生过分依赖于计算器进行计算，遇到略为复杂的运算时，就会立刻想到使用计算器来计算。虽然这样能够节省学生的做题时间，但就心理学而言，长此以往就会形成心理暗示，不利于数感的培养，这在一定范围内会影响学生的运算发展。同时由于现代电子设备的增多，学生不仅能通过计算器进行数字的计算，还可以使用各种手机软件来搜索习题的完整解答过程，这对学生来说同样是把双刃剑。教师和学生应该尽早认识到数学运算对于数学学习的重要性，加强对于运算方面的训练。教师在教学过程当中应该正确引导学生合理地使用辅助学习工具，杜绝过度依赖辅助工具的现象。

二、推理能力的培养

当今教育改革正在全面推进，培养学生的创新意识和创新能力是新教改的宗旨。合情推理是培养创新能力的一种手段和过程。长期以来，中学数学教学一直强调严谨性，过分渲染逻辑推理的重要性而忽视了生动活泼的合情推理，使人们误认为数学就是一门纯粹的演绎科学。事实上数学发展史中的每一个重要的发现除演绎推理外，合情推理也起重要作用，如哥德巴赫猜想、费马大定理、四色问题等的发现。

（一）注重学生身心发展，遵循循序渐进原则

学习过程是一系列复杂的身心内部加工，学习结果是身心状态的积极转变，为了使学生快乐学习、全面发展，教师可做如下工作。

1. 加强心理学、教育学等知识的指导学习，立足于学生的心理需求，考虑学生的年龄特征来合理组织教学，降低学生的畏难情绪，使之较快理解并接受所学知识，从而提高学生的数学学习能力。

例如，在讲解"一元二次不等式及其解法"这一内容时，教师可从较为简单且学生更为熟悉的一元一次不等式进行导入，在学生理清一次函数的图像、一元一次方程与一元一次不等式之间的联系的基础上，教师再将问题引申到一元二次不等式，并引导学生将两者进行类比，探讨二次函数的图像、一元二次方程以及一元二次不等式之间存在着哪些联系，进而使学生轻松快乐地理解并掌握"一元二次不等式及其解法"这部分内容。

2. 数学的研究对象是具有高度抽象性的数和形，数学学习中所涉及的基本概念、定义、定理等往往也比较抽象，学生对它们的理解一般是逐步加深的，不能一蹴而就。同样，学生的数学学习能力，尤其是推理能力也不是与生俱来的，是需要长期培养并逐步提高的。为此，教师在教学中应充分考虑数学学科的特点以及学生的基本情况进行内容讲解，重视学生学习的过程，不断激励学生学习，鼓励学生猜想，提高其学习兴趣，增强自信。

3. 加强学生的心理疏导工作，使学生积极面对现有学习状态，并对学生的行为与表现给予适当评价与指导，尤其是对学生的良好表现或行为要给予及时的肯定与褒奖。

（二）合理使用数学教材，充分发挥教材功能

数学教材是数学基础知识的载体，在教学实践中，为更好地培养学生的数学推理能力，教师以及学生有必要在教材上多下功夫，通过对数学教材内容的挖掘来找到培养数学推理能力的切入点，充分发挥数学教材的功能，对此，有以下几方面是值得注意的：

1. 教师应引导学生养成阅读数学教材的习惯，通过阅读，挖掘课本中的隐含知识，并提醒学生注意教材中数学符号的规范使用，培养和提高学生准确的文字表达能力。

2. 教师与学生一起分析研究教材中的主要例题，搞好课本例题的本质，加深学生对基础概念、公式、定理的理解，培养学生发现问题、解决问题的能力。

3. 教师定期对所讲知识进行深入浅出的归纳，使学生更为深刻地理解所学知识，提高推理能力。

比如，在三角函数这部分知识讲解完后，对所讲知识点及其联系、思想方法、解题规律以及注意事项等进行系统归纳。

4. 充分挖掘并领悟教材中所涉及的推理方法，真正理解数学推理，以便提高数学推理能力。

例如：对于"平面向量的线性运算"可通过联想类比"数的运算"得出相应结论，然后再对其进行证明，判断是否成立。

（三）合理把握课堂教学，引导学生积极思考

"教会年轻人思考"是波利亚长期坚定的信念，据此教师在课堂教学中应正确引导学生积极思考，培养有益的思维方式和习惯，帮助学生形成必备品格和关键能力，有以下几点可做参考：

1. 数学教学除了要教给学生一定的数学知识外，还应当教会学生如何思考，锻炼学生的创造性思维，培养学生良好的思维习惯，为学生的可持续发展和适应终身学习创造条件、做好准备。

2. 注重启发式教学，力图让学生形成初步认识—探索—猜想—证明的思维习惯。并有意识地增加课堂提问概率，且要切实根据学生的学习程度来分层次地提问问题，观察课堂上学生的表现，针对学生可能出现的问题和错误，及时进行正确的引导与剖析。如此安排课堂教学，一方面可以使学生能够真正理解数学概念，抓住问题本质，再次遇到类似的问题时就会明白如何进行推理解答；另一方面可以使学生养成良好的学习习惯——善于反思、体验过程、领悟规律，从而利于学生的反思、概括、推理以及表达能力的培养，提高学生学习数学的自信心。

3. 课堂教学过程中，教师要给学生树立好榜样，在讲解知识时要做到思路清晰、逻辑严谨，无形中培养学生思考缜密、言之有据的良好习惯。

4. 针对数学推理模块内容的教学，一方面，教师应将重心放在学生推理思维的养成上，而不是仅仅强调推理书写形式的训练，并在解决问题的表述上逐渐要求"步骤完整，

理由充足"。① 另一方面，针对学生解题过程中出现的逻辑错误，教师必须及时纠正。长此以往，学生会逐渐养成严谨思考和严谨推理的习惯，终身受益。

5. 教师在讲授新课时，有必要先引导学生回忆已学知识，使学生能够在已学知识的基础上猜测新知识的内容、结构、研究方法等，进而激发学生的学习热情，提高学习积极性。

比如，在讲"概率的基本性质"这部分内容时，教师先带领学生回顾集合的相关知识，搭建新旧知识之间的沟通桥梁，寻找两者之间的联系，进而可使学生更好地理解掌握概率的基本性质，类似于这样的类比教学过程，不仅能够激发学生的学习热情，使学生能想、敢想，提高自信心，同时还可加深学生对新旧知识的记忆，真正理解知识内涵，并对学生数学推理能力的培养也是十分有利的。总之，教学中要深刻把握人才培养要求，把握教学的深度和广度，重视学生逻辑推理能力培养，从而更好地实现教与考对接协调，方便教，方便学，方便考。

（四）加强数学解题研究，提高学生解题效率

数学解题过程中，若各步推理都有充分的依据，又遵守相应的逻辑规则，那么解题必定正确。对此，为培养学生的数学推理能力，提高学生的解题正确率，教师应做到以下几点。

1. 加强对课标、考纲、教材以及历年高考试题的研究，在指导学生解题练习时，尽量避开题海战术，通过相关研究总结，明确高考试题的出题方向，了解出题意向，明白所要考查的知识内容，善于进行归类分析。

2. 留心关注高考对核心素养的考查，特别是逻辑推理能力的相关试题，在对学生的日常作业或课堂练习题的编排上，紧抓创新性，尽可能保证试题少而精，这对教师教学效率以及学生学习效率的提高都会有所帮助。

3. 无形中给学生进行思想灌输，通过习题讲解让学生明白数学推理试题考什么、如何考，减少学生做题的盲目性，并提醒学生及时记录易错题和一些经典试题，在建立不同类型逻辑推理试题的答题模板基础之上，做到走出模板，善于应变，使学生学得快、学得好。

4. 要求学生准备一个错题本，并经常提醒学生合理利用错题本，定期回顾错题本上的题，树立正确的"错误观"，使错误变成一种"财富"，同时可使学生养成积极进取、不屈不挠的心理品质，从而利于学生数学推理能力的培养。

---

① 李云：《高中生数学推理能力的培养研究》，河南大学，2018 年。

三、抽象概括能力的培养

数学抽象概括能力是数学思维能力，也是数学能力的核心。它具体表现为对概括的独特的热情、发现在普遍现象中存在着差异的能力、在各类现象间建立联系的能力、分离出问题的核心和实质的能力、由特殊到一般的能力、从非本质的细节中使自己摆脱出来的能力、把本质的与非本质的东西区分开来的能力、善于把具体问题抽象为数学模型的能力等方面。现阶段数学抽象能力，是指把生产或生活中遇到的实际问题，抽象为一个数学问题来解决的能力。它是我们常说的"分析问题和解决问题的能力"中最重要的部分，是数学本身的"高度抽象性与应用广泛性"辩证统一的必然结果。它的重要性是显而易见的。数学的抽象是一个逐级抽象、逐次提高、抽象再抽象的过程。数学教学中充分注意到这个特点，就能有效地培养学生的抽象概括能力。

从杂乱无章的现实世界中，由表及里，去芜存菁，生活问题消化、融解、提炼、抽象为一个数学问题来解决，却不是一件轻而易举的事。不同数学能力的学生有不同的差异。具有较强数学能力的学生在收集数学材料所提供的信息时，明显表现出使数学材料形式化，能迅速地完成抽象概括的任务，同时具有概括的欲望，乐意地、积极主动地进行概括工作。而现在学生中普遍存在怕解应用题的现象，就是缺乏这种能力的反映。

数学教学中如何培养学生的抽象概括能力呢？

（一）以概念为基础提升学生的抽象概括能力

良好数学概念的形成有助于改善学生的思维活跃能力，同时扩展学生思维空间，并确保学生抽象概括能力的培养符合现阶段数学教学大纲的基本要求，以免学生在抽象概括能力的培养过程中对数学知识的理解出现偏差。例如在理论概念的学习中，教师可利用现代化教学设备将图文影像资料有效地融入数学概念教学，让学生形成立体的数学知识概念，通过知识学习、知识验证及知识结论分析等方式逐步地引导学生步入正确的理论知识概念学习方向。理论知识概念培养是学生拓宽思维能力的重要阶段，教师要避免过于干涉学生学习空间，应逐级递进地培养学生主动学习的能力，保障学生在理论知识学习阶段有足够的学习自由性，通过概念知识学习看到抽象概括能力培养的本质，将概念知识学习作为学生抽象概括能力提升的有效途径。

（二）充分提高公式在理论中的应用

公式是学生解题答题的基础性内容，其本质不同于刻板的文本教学，其目的是使学生能够更好地对数学知识加以运用。公式在学生抽象思维培养及抽象思维水平提升方面至关重要，对学生的实际影响也更为深入。例如在函数知识的学习方面，要运用公式的带入性特点对相关公式解题的技巧加以融入，从而帮助学生认识到公式应用在良好抽象思维意识培养方面的重要作用。① 现行的数学知识体系教学对于数学公式的运用较为全面，但在实际生活中却无法对数学公式内容加以正确引用，进而使数学公式在理论知识教学中难以充分发挥综合性的引导作用，所以在理论知识教学方面，要确保数学公式应用的灵活性。在课堂教学应用的同时，也要使学生能够将数学公式应用于实际生活的各个方面，提高学生空间思维的抽象想象力，继而优化公式在理论知识教学方面的知识结构，使其成为学生数学抽象思维概括能力培养的核心内容。

（三）有效培养学生的抽象数学概括理解能力

学生数学抽象概括能力的培养不仅要重视知识结构构成及知识管理等相关问题，同时要将学生数学抽象思想的理解能力加以提升。现阶段的数学知识教学虽然能有效改善传统数学知识教学的诸多突出矛盾，但学生理解能力不足对于数学知识教学质量的影响仍未消除，因此在学生抽象思维概括能力的提升方面要有效掌握以下几点。

1. 对往期数学知识巩固与练习

丢了西瓜捡芝麻的问题在当下的数学知识教学中屡见不鲜，究其原因无外乎与旧知识的温习强度过低有着重要关系。因而在实际的教学工作开展中，要重视对前期阶段所学数学知识的巩固并加强练习，提高学生基础知识学习水平，避免学生出现学不懂、学不通等相关问题。例如在新知识学习方面，教师要引导学生对旧知识进行回忆，并对知识内容有效关联，唤起学生旧知识的印象，避免学生忘记所学的相关知识内容，提升学生知识学习水平，让学生知识学习不受到体系化知识学习影响与束缚，使学生综合理解能力得以有效提升。

2. 精选题目练习内容，以全面化知识培养为重要切入点

目前，数学知识教学学生所需学习的基础内容较多，不仅对学生知识学习造成巨大负担，同时导致学生数学知识体系构成较为杂乱。针对以上问题，要在学生数学抽象概括能力培养及理解能力提升方面，选择最优及重点教学内容开展相关的教学工作，通过全面化知识培养优化现有知识教学体系，在降低学生数学知识学习难度的过程中加深学生对重点数学知识的印象，以便改善数学知识体系结构，为学生更好及更为有效地接纳新的数学知识创造有利条件。全面化的知识培养应以多元化数学知识教学为核心，逐步向更深层次的数学知识学习阶段进行探索，让每一阶段的数学知识学习均能对学生形成良好的渗透，选择良好的知识结构进行塑造，在提升学生知识学习创造力与创新水平的同时，对有限的知

---

① 仲晓亚：《如何培养学生的运算能力》，载《科技信息》2014 年第 11 期，第 163 页。

识学习内容进行整理，进而保障学生数学知识学习的实际有效性，为后续阶段学生抽象概括理解能力的提升形成完善的数学知识教学机制。

（四）深入探究多元化知识体系在学生抽象概括能力培养方面的作用

多元化知识体系形成是解决学生抽象概括能力培养诸多问题的有效方法，例如在对图形概念知识的讲解中，部分学生对于图像知识的认识略有差异，为更好地对学生数学知识学习进行统筹化一，需要对学生传统知识概念的固有印象进行改变，采用换个角度看问题的方法对学生进行图形识别的培养，避免学生在图形知识的学习方面走入误区。[①] 明确学生知识学习方向，帮助学生更好及更为全面地对数学知识进行理解，将学生多元化知识体系的形成与数学知识的主动探索有机结合，使学生在数学知识学习与探索过程中能够感受到实际乐趣，降低传统数学知识对学生抽象概括能力形成的多方面局限，通过对多种不同类型数学知识的主动学习与探究为学生良好抽象思维空间的形成提供实质性帮助。

（五）做好数学抽象思维培养，重视抽象意识塑造

数学抽象思维的塑造首先要确保学生具有良好的思维能力，改善学生思维空间环境，使学生不受外界因素影响，提升学生思维空间意识水平，重视对学生思维意识问题的解决，优化现有知识教学管理体系，让学生在快乐的学习环境中成长。时刻关注学生知识学习的心理变化，改变学生传统的数学知识学习习惯，由内而外地提升学生数学知识学习素养，及时修正学生知识学习方向，避免学生在数学知识学习及数学抽象思维培养方面误入歧途。做好多方面综合素质能力的提升，尤其是抽象意识的深层次培养，要做好以下两个方面问题的解决。

1. 融入现代化数学思维观念

现代化数学思维观念的融入将改变传统数学教育对学生思维能力的局限，使学生的数学思维活跃能力得以进一步提升。改变数学知识学习环境，让学生能够充分地采用现代化的知识学习方法对数学概念进行理解，并利用逆向思维能力对学生数学抽象思维进行培养，通过不同的方法让学生真切地感受到数学知识学习的有效性，融合传统理念下数学知识学习的基本特点，确保各项数学知识学习均能够与数学抽象思维培养的基本要求保持一致，逐渐深化多元化知识的中心思想，体现现代化知识教学体系的特性，着重将学生数学基础知识学习及深度知识的自我学习作为现代数学思维观念形成的重要内涵，保证学生现代化知识学习理念能够符合数学抽象思维培养的基本要求。

[①] 张庆辰：《新课标下初中生数学运算能力的培养策略研究》，延边大学，2019 年。

2. 抽象意识的形成

抽象意识的形成要通过对数学知识结构进行先行优化，同时要改变学生的学习习惯，做到数学知识学习的活学活用，将多种不同的数学知识概念及学习管理机制进行整合，对不同种类的数学知识教学内容应做好多方面梳理，针对学生面临的数学知识学习问题应逐一列举，并制订合理化方案对相关的问题进行分化，以便有针对性地提升学生抽象知识理解、分析及管理水平。抽象意识的形成不应从单一的角度想问题，要从多维度及多空间的角度开展教学工作，使学生抽象意识的形成成为帮助学生迈向更高层次空间的阶梯，为学生未来阶段更好地学习数学知识及全面性的抽象概括能力培养做好铺垫。①

数学抽象概括能力是一种综合能力，需要一个长期的培养过程，更需要学生的亲身参与，教师要在数学教学中通过设计恰当的教学模式，对学生抽象概括能力的培养施以积极的影响，切实地培养学生的抽象概括能力。"授人以鱼"只能满足一日之需，而"授人以渔"却能使人终身受用。② 同样，教给学生的思维方法能使他们终身受益。

四、创新能力的培养

创新能力培养一直是当代教育关注的热点。随着时代的发展，国内外对创新能力的培养提出了更高的要求。中学数学创新能力培养可以从以下几方面做起。

（一）启迪直觉思维，培养创造机智

任何创造过程，都要经历由直觉思维得出猜想、假设，再由逻辑思维进行推理、实验，证明猜想、假设是正确的，这种思维的训练就是培养学生发现规律、解决问题能力的重要思维训练。课本里的定理都是从"正面"叙述和证明的，学生看到的是完美无缺的"成品"，他们往往不清楚其来龙去脉，特别是难以理解为什么要有这么多条件和前提，这一美妙的结果当初是如何找到的。因此，教学中，要想办法让学生去探索目标，找出问题的关键之所在，一步一步地碰到困难、克服困难，再引导他们走向胜利的彼岸。学生自己"发现"的定理一定会理解得更深刻、更透彻，会应用得更自如、更普遍，同时也可培养学生猜想和联想的能力。教师在教学活动中引导学生主动思考，可以培养学生的自主学习能力，让学生学会正确看待问题、解决问题，从而实现教学目的。

---

① 姜权：《数学课堂教学中学生抽象概括能力的培养》，载《山东农业工程学院学报》2019 年第 4 期，第 135—136 页。

② 郭美华：《培养抽象概括能力，提高知识综合运用》，载《科技创新导报》2012 年第 12 期，第 172 页。

（二）尊重学生主体，鼓励学生质疑发言

传统的数学教学采取着陈旧的教学模式，教师一讲到底，学生在座位上默默地记笔记。这种教学方式，将学生置于课堂教学的被动地位，严重地阻碍了学生学习的积极性，导致数学课堂的氛围十分沉闷，教学效果很不理想。要想培养学生的思维能力，教师首先要突破传统的教学观念，将学生置于教学的中心，并通过问题引导的方式给予学生质疑和发言的机会，这样才更有助于学生积极地思考，从而使思维能力得到发展。叶圣陶先生教诲："学贵有疑，小疑小进，大疑大进。"疑是思之源，思是智之本，是创造的基础，质疑是开启创造之门的钥匙。因此在教学中应培养学生"提问题"能力，使学生在"疑"中思，在"思"中学，敢于发现问题、提出问题、解决问题，从而培养学生思维的深刻性。

（三）创设问题情境，培养探索精神

探索精神是数学创造性思维的前提。在数学教学中，学生的创造性思维的产生和发展、动机的形成、知识的获得、智能的提高，都离不开一定的数学情境，所以精心设计数学情境是培养学生创造性思维的重要途径。教学过程是一个不断发现问题、分析问题、解决问题的动态化过程，好的问题能诱发学生学习动机，启迪思维、激发求知欲和创造欲。学生的创造性思维往往是由遇到要解决的问题而引起的，因此，教师在传授知识的过程中，要精心设计思维过程，创设思维情境，使学生在数学问题情境中，新的需要与原有的数学水平发生认知冲突，从而激发学生数学思维的积极性。

（四）动手操作，培养思维的探索性

人的思维总是由形象思维向抽象思维发展。在课堂教学中，要结合学生好奇、好动的特点，成功地使用教具，让学生亲自动手操作，对所要学习的内容产生兴趣，主动地探求新知识，从而激发思维的创造火花。

（五）一题多解，培养思维的创造性

想象思维亦称发散思维，它是指对同一问题探求不同解法的思维方法。在课堂教学中教师要鼓励学生全方位、多角度地去思考问题，通过一题多解、一题多问、一法多用等形式的练习，拓宽思路，使学生改变思维定式的束缚，寻求多种解题方法，优化创新意识。在数学教学中，教师必须培养学生的创造性思维，使学生能够从不同的角度思考问题，让学生在解题中不再局限于标准答案，找到最优化的解题思路和方法。通常而言，一道题从不同的角度思考，会产生不同的解题步骤和不同的数学结果。不同的解题步骤会影响学生

的解题时间，这就是为什么同样答案正确，但有的学生用时长，有的学生用时短。在数学教学中通过一题多解训练学生的发散思维，能够引导学生积极地开动脑筋，帮助学生在思维的发散中提升创造能力。

第三节　中学数学教育思维缺失现状

一、数学教育的价值迷失

教育是一种社会文化活动，数学作为中小学课程体系中的主要组成部分，在学生的发展中占有非常重要的地位，因而数学教育不能迷失其本质，脱离它的根本目的。姜伯驹院士在谈到数学课程改革时说："为什么数学对一个普通的人都非常重要，而且在中国的文化背景下尤其重要？为什么上一个世纪开展新文化运动的先驱者花费那么大的工夫在数学教育上？从历史发展的过程来说，我们可以看到理性文明在社会发展中的重要性，而中国要复兴的话，就要好好地补上这一课。"数学教育一直以来都受到了社会、学校、教师、家长以及学生的高度重视。但是由于传统教育体制和教学理念的影响，使得数学的教育未能充分体现数学的价值和数学的应用。数学是现实世界的需要而发展起来的人类生产和生活经验的总结，绝不仅仅只是数学符号、是数学解题。生活需要数学，生产需要数学，科学技术需要数学，社会的发展需要数学，而作为现实社会的每一个人，不论是科学家、艺术家，还是一般大众，都应该掌握必要的数学知识，并能为自己的需要服务。章建跃先生认为我国当前数学教育明显有以下不足：数学教学方式方法不自然，教师往往把自己的想法强加于人，不关注学生的学习兴趣和学习动机；缺乏问题意识，包括发现问题、提出问题、分析问题和解决问题的意识，只会解决"结构良好"的数学问题，不利于学生对数学理解；数学教学过程重结果轻过程，对结论性和结果性的知识记忆多，关注数学知识背景和应用少，掐头去尾式的学习方式导致学习过程不完整，缺少知识的结构性和整体性；重视解题技能技巧轻普适性思考方法的概括，导致机械模仿多独立思考少，数学思维层次不高；只讲逻辑而较少关注合情推理，强调细节多，关注基本概念、核心数学思想少，不利于学生数学素养的提高，不利于学生创新思维的发展。诚然，学生数学创新思维的缺失是目前中小学数学教学的现实状况，目前数学的教学过程大都强调数学知识的灌输。公式结论的记忆以及考试题目的解答方面，使得数学教学的意义被广泛误解，数学教学的本质陷入迷惘，数学教学功能偏离了应有的轨道。

（一）意义误解：题海化的训练

数学教育的意义在于育人。从现代隐喻的角度分析，数学培育的是数学文化、逻辑的艺术、数学的语言、数学方法、数学思维以及创造能力。但是目前的教育体制导致了人们对数学教学意义的误解，数学教育主体对育人价值的认识表现出了狭隘和短期视角的现象。狭隘地认识了学习数学的意义，认为学习数学的目的在于获得一个好的分数，具体表现教师在数学教学中过分注重数学课本知识的传授，将学生的角色设定为数学知识的容器，并且将目标设定为解题能力和考试成绩的提高。这样的狭隘认识最终忽视了数学育人体系中最重要的内容，即人的思维发展。数学教育仅仅关注到了达到数学教学表层的目标，未能从学生发展的角度，注重培养学生的数学思维方式和创造力。因而在数学教育教学活动中可能会出现这样的情况：在小学阶段的数学教育不注意学生的数学体验，把数学知识教学编成儿歌和口诀让学生记忆；在中学阶段，把三年的数学内容简化为两年来教学，给学生吃"压缩饼干"，留下一年专门作为数学解题的训练。对数学概念和基础的教学所采用的方法是"一个定义，三项注意"，对于解题教学热衷于"题型教学"，解题技巧大杂烩；不能根据学生实际心理特征和数学认识结构，喜欢"一步到位"把相应的数学知识（中考题、高考题）作为练习。

在这种数学教学观念的影响下，我国中小学数学教学在长期的教育教学实践中，基本形成了明显具有中国特色的数学教育教学传统。涂荣豹、宋晓平认为中国数学教育具有如下特点：中国的数学教学突出知识性的具体目标；中国的数学教学长于由"旧知"引出"新知"，注重新知识内部的深入理解，重视解题和关注方法、技巧，重视巩固、训练和记忆。表现为大纲、课程标准对知识提出不同的量化目标要求，教学过程中对目标进行技术性细化，每章、每单元和每节课都有细致的数学知识点这样离散的目标，忽视学生的长远发展。淡化从"旧知"到"新知"的发生发展形成过程，容易造成学生对知识的被动接受。我们知道，在数学新知引入的教学过程中，由于新知既来自数学知识内部，又可来自数学的外部，我国的数学教学更多地关注到的是数学知识的内部引入，即体现出逻辑结构，而从"实际问题"引入"新知"方面明显不够，而且缺少注重对所学数学知识进行及时巩固、强化练习，导致在我国的数学教学中每课有练习题、每节有小结题、每章有复习题、课内有练习、课后有作业，单元有小考、学期有大考，基本理念就是做到熟能生巧，过分强调记忆。虽然在学生对于数学知识和结论的记忆强调记忆的意义、记忆的方法，但在实际进行过程中又异化为机械记忆、简单模仿、僵化操作，从而加重学生的数学学习负担。

（二）本质迷惘：形式化的理解

数学教学从本质上来理解应该是数学活动的教学，是师生之间、学生之间的互动和相互促进共同进步的过程。具体表现在以下几个方面：第一，数学教学应该是教师作为引导者，引导学生进行教学活动的过程。学生作为学习的主体，在教师的指导下进行数学知识的学习、数学技能的培养，自主构建数学知识体系。第二，数学教学是教师和学生之间的互动过程。教师的角色不仅仅是数学知识的传输者，更应该是与学生平等的知识探求者，在教师的教学过程中，积极与学生进行沟通、讨论和分析，成为学生学习的组织者和合作者，创建民主的学习氛围，是教师在教学过程中应该追求的目标。第三，数学教学过程应该是教师和学生共同发展的过程。数学教学的目标是在传授学生数学知识的基础之上，培养学生自主获取知识的能力，学生在教师的指导下不断取得进步，而教师在学生的促进下，积极学习新的数学教育理论和数学专业知识，不断提升自己的教育教学水平，改进自己的教育教学方式，运用新的教育技术于原来的知识中，达到师生共同的成长和进步，形成良性互动。

我国数学教育理论上长期以来的一个认识就是培养学生的三大能力：即运算能力、逻辑思维能力和空间想象能力。由于数学的概括性、简洁性和精确性等独有的特征，这也的确是数学教育要关注的重点，但除了关注这三大能力之外，还应该关注数学在实际生活中的应用能力，关注数学文化和关注数学在培养学生人文素养方面的独特作用。现在仍有不少教师认为数学教学的主要任务就是培养三大能力，更有甚者，甚至认为数学教学的核心就是培养学生的逻辑思维能力。这就远远低估了数学教学的价值，是一种短视。这是因为：（1）数学不等于逻辑，数学比逻辑丰富得多，数学中的很多内容如数学思想和模型等并不是逻辑可以推理出来的，方程是平衡的模型，函数是变化的模型，还有向量、随机、统计等观念远非逻辑可以推理出来，数学教学可以培养学生的逻辑思维，但并不是唯一的。（2）逻辑思维只是思维能力的一种，并非全部，所以它的作用和影响有限，如果一个人只会逻辑推理，只会逻辑语言，只会逻辑思维，他就会认为凡是不能逻辑推理的东西就没有意义，从而会影响学生的创新思维的发展水平。（3）数学创造主要不是靠逻辑。逻辑推理的主要功能在于验证结论，而不在于发现结论。如果要创造，要创新，就必须有新的观念、新的思想，添加新对象，创立新方法。逻辑推理是基于公理、定义和符号，按照规定的法则定理去推导，其基本形式是三段论式，只会在逻辑圈子里打转转，不能创造新的东西。所以甚至著名数学家小平邦彦极端地说：我认为数学和逻辑没有关系。

还有不少教师认为，形式化是数学发展所必需的，形式化是数学的重要特征，数学教学就是数学形式化的教学。数学的形式化指"符号化+抽象公理化"，希尔伯特在《几何基础》中构造了一个形式化的公理体系。史宁中先生从中体会到形式化的含义："不管我们讨论的对象实质是什么，只要从已经定义了的、用符号表示的对象出发，依据所确定的几组公理以及认定的逻辑法则推导出的结论就一定正确，这便是理想中的、脱离了经验的教学。"形式化的表现之一就是什么都要来一个概念或定义，而且还需要严格的概念或定义，数学教学常常根据概念或定义进行细枝末节的探讨。如关于方程的概念，有多种表达方式，以含有未知数的等式，作为方程的解释也无不可……我们认为不必在文字叙述上下功夫，更不要把这些叙述当成方程的正式定义，予以"拔高"，否则会自找麻烦。什么叫"未知数"？方程 $ax-b$ 中 a、b 算不算未知数？如此讨论下，往往会让本来生动活泼的数学思维淹没在形式的海洋中。有的教师在数学教学中重视概念严格的形式化定义，忽视数学概念本质朴素和亲切的一面，导致对数学概念的机械理解。因此陈重穆、宋乃庆先生很早就旗帜鲜明地提出，数学教学要淡化形式，注重实质。"淡化概念，不是不重视概念，而是如何使学生更好地掌握整个知识，真正理解概念。教学中不能为概念而概念，要使概念教学恰如其分地发挥通过知识培养能力的作用。"并具体提出了在教学中如何理解"淡化概念"的含义：不要把概念放在最前，"概念"是人们对客观事物某方面本质属性的一种反映，是人为的，不是那样百分之百不可变动、神圣不可侵犯的东西；不要单纯在概念本身上过分下功夫，教学中不要在讲概念处停留过久，对概念的教学如能直观演示尽可能地做到直观演示、具体操作，让学生能够真正地领悟概念的含义；概念教学应分层次，不能同等对待平均使用力量；在考试中不出单纯考概念的题。因此在数学教育教学中要正确认识和理解形式化问题。

（三）功能偏离：利益化的竞争

关于数学教育的功能，不同的人有不同的理解，因而也就有着不同的观点。有人认为，数学是一门高度抽象的科学，抽象离不开思维，因而数学具有训练思维的功能；数学作为一种教育活动，是育人的活动，因而数学具有德育功能；数学美能激发学生的学习兴趣，数学美能使学生掌握知识的结构，因而具有美育功能；数学水平是一个民族的文化修养与智力发展的度量，因而具有文化功能；还有筛选功能、方法论功能、培养转化人的功能；等等。有人认为，数学教育功能是强调学习数学的本质，重视基础知识、基本技能训练和能力培养，努力提高数学学习者的数学素养；还有人认为数学教学强调的是数学学习的方式和方法，培养学生数学的思考问题的习惯，注重数学教学的形式，努力让数学学习者习得进一步学习数学的能力。

从某种意义上说，以上对于数学教育功能的理解，站在不同的角度，也都有各自的道理，部分地对数学教育的功能进行了阐释。对数学教学功能的不同理解，决定着数学教学的实施。数学教育主要包含对数学知识的传授，对数学思维能力、应用能力的培养，对数学素养的涵养，以及对个体终身发展奠基的教育功能和培育功能。但遗憾的是，现实的数学教育偏离了其本原功能，数学成为一种竞争优势，表现在数学教学中更多地集中体现在了通过课堂中的层次的、系统的、大题量的传授和练习中将数学知识点牢固记忆，不注意数学解题方法的灵活运用和掌握，其指向只有一个——最终达到数学考试成绩的提高，忽视了数学教育中的其他功能。教师在课堂传授数学知识（传递者、输出者），学生作为单纯的学习者以听的方式接受教师所讲授的数学内容（被动接受者、容器），数学的教学过程就是单方面作为知识的传授者向学生传授数学知识：数学教师作为课堂的控制者，控制并监督学生的学习；学生作为知识的接受者，被动地接受教师传授的知识。教师和学生之间往往缺乏互动交流的过程和共同思考探究的过程。

我们看弗赖登塔尔对数学教育功能的理解，数学教育应该培养"学生的数学现实"，发展学生"数学化能力"，引导学生"创造数学"，注意数学的"适度严谨性"。数学作为一门逻辑性较强的学科，可以通过传授功能、教育功能和培养功能的有机结合，从而提高学生认识世界的能力。通过数学教育教学活动可以促进学生数学思维、数学语言、数学抽象能力的形成，掌握数学工具不仅仅是为了解决试卷中的数学难题，更是为了解决学生生活中碰到的难题，为了学生未来的发展，这才是数学教育功能中最深层次的功能。

二、数学教育的问题表征

从数学教学的本质和功能上来看，数学的教育教学应着重于在传授数学知识的同时，锻炼学生的数学思维，提升学生的综合素质，它不应该仅仅只是表现在学生的数学知识和数学能力上，更是体现在数学思想、数学文化、数学观念和数学创新思维上。但是目前数学教学的现实表征则是数学知识、数学技能和数学思想方法在数学教学中脱节，对学生数学学习的过程与方法、态度与情感关注不够。

（一）揉碎的数学知识要点

由于社会环境的影响导致了教育教学目标的短视和功利化，近年来，虽然从国家层面非常重视学生的素质培养，但越演越烈的应试教育使素质教育显得式微，正如有人所讲：素质教育轰轰烈烈，应试教育扎扎实实。这样的结果在数学教育表现上就是导致对数学知识和数学技能的异化，人为地将整个数学知识揉碎、掰乱，把由于对数学知识的掌握形成的数学能力，变为机械操作的"熟练工"。把一个整体的数学知识看成一个孤立的点，数学技能的形成演变为"机械操练"。

数学的知识点起源于 20 世纪 80 年代在中国风行一时的布鲁姆的教育理论，他认为知识是由一个个知识点组成，整个数学知识也就被分解为若干个知识点了，每个知识点又按其重要的程度列入四类或五类目标之中，判断学生对数学知识是否掌握就看对这些数学知识点是否掌握。于是，为了测试学生对数学知识的掌握程度，考试就要覆盖这些被分割的数学知识点，按照这个目标要求来进行测试。为了获得一个好的成绩，教师在教学中就得把知识点按考试要求列出，按重要性配备数量不等的练习题。既然目标明确，这时教师的唯一办法就是大量训练，并对问题辅之以分类讲解，形成固定刻板的解题模式和套路，让学生模仿这些程序化的解答，并要求对解答过程进行记忆，便于在考试时让学生对号入座，以期获得一个优秀的分数。张奠宙先生有一段精辟的话：出考题者则以数学知识点的覆盖面大为要求，所以试题越来越多，题量越来越大，学生见题就套，必须不假思索就能回答才好，因为根本没有时间让你思考。这样一来，考者和应考者都在知识点上大做文章，年年如此，知识点前，人人平等。其实，对于数学的知识点的问题，著名数学教育家弗赖登塔尔早就对它提出了许多质疑和批评，认为这一理论只适用于社会科学和人文科学，不适合数学，特别是把整个数学知识看成一些知识点的总汇，缺乏整体认识，乃是它的致命弱点。由于数学知识的分化和零散，学生对数学知识的接受未能形成自己的知识体系结构，因而也未能成功转化为自身技能的培养。

数学技能异化的实质就是因为所学的数学新知识没有纳入学习者已有的认识结构中，没有建立非人为的本质联系，导致新旧数学知识没有达到融会贯通。表现为以下几种形式：（1）学生虽然记住教材中的概念、法则、公式或定理，但不理解它们的实际内容和含义，导致会记不会用，削弱了数学问题解决的能力；（2）学生对数学公式、法则进行生搬硬套，而不了解这些公式、法则成立的条件、背景，因而看不出形式上相同或形式上不同的问题之间的本质区别，从而导致解决问题的机械化；（3）学生对数学法则、公式、定理是强记而非理解，记住了概念和条条框框但不知道它们为什么可行，如学习算法却不知道算理，记住公式却不会推导，学习定理但不会证明；（4）不同的数学分支或同一分支的各个内容对学生来讲，他们认为是相互孤立的，彼此没有联系的知识，没有构建数学知识的体系；（5）学生只会做形式上的数学演算，但不知道这种形式上的演算代表的现实意义。学生只会对数学的概念、定理、公式、法则缺乏理解地记忆，单纯重复地机械性地解题，所有这些表现，都大大弱化了数学的本质、数学的意义、数学的价值。

（二）失落的数学认识过程

叶澜教授给教学过程的基本任务定位为：使学生努力学会不断地、从不同方面丰富自己的经验世界，努力学会实现个人的经验世界与社会共有的"精神文化世界"的沟通和富有创造性的转换；逐渐完成个人精神世界对社会共有精神财富富有个性化和创新性的占有；充分发挥人类创造的文化、科学对学生"主动、健康发展"的教育价值。过去的数学教学中，比较普遍地存在着注重结论而忽视过程和方法的现象，数学知识的形成过程在数学教学中学生是看不到的，学生学习数学知识的过程被忽略甚至取消了，形成了"掐头去尾烧中段"现象，数学学习过程是一个不完整过程。李文林先生在回忆高中数学学习对他的影响时说："从古到今大凡成功的教育都是启发式的、过程性的教育，不会是单纯的知识灌输。我上中学是在江苏省常州高级中学，记得任课老师大都总是想方设法让你懂，想方设法启发你学习，有的至今仍令人记忆犹新。"

近几年，新课程数学教育教学要求必须改变这种做法，加强对数学基本认知过程的教学，加强对数学思想方法的理解，回归真正的数学教育教学。但是由于传统教学方法的根深蒂固，使得目前数学教师的教学模式仍未能全部转变。传统的数学教学流程被简化为数学教材和数学教辅中例子的呈现和讲解，简单罗列相似或者相近的练习题以巩固学生的知识和强化学生的解题能力，最后通过试卷测试的手段来评价学生的学习成效。这种简化了的数学教学过程或许能够最有效地达到设立的短期目标：一个好的数学分数，可能可以在一定程度上达到学生考试成绩的提高。但是这一过程是极不利于学生数学智慧和创新思维培养的。

过程和方法的失落另外一个表现在于数学教师的备课方式，"60%以上的老师在备课时只考虑到钻研教材、设计教法，有30%的老师考虑的是学生原有知识储备和学习潜能。这个结果引起我们的深思，教师备课的着眼点究竟是什么？备课的根本目的究竟是什么？是备教材、备教法、备教案，还是备学生？"教师在教学中应关注教材、理解教材，这本身并没有什么不对的地方，但如果把教师的关注点着重点完全放在了教材上，而不关注学生的实际情况，这是一种见物不见人的错误观念，拥有这种思想的数学教师在教学中只关注课堂中教学技巧的展示，只关注数学知识的灌输。灌输式的教学模式在学校和教师中如果形成惯性，就限制了学校和数学教师在教学过程中的创新。美国著名的认知教育心理学家戴维·奥苏贝尔在他最有影响的著作《教育心理学：一种认知观》两版的扉页上，写道："如果我不得不把教育心理学的所有内容简约成一条原理的话，我会说：影响学习的最重要的因素是学生已知的内容。弄清了这一点后，进行相应的教学。"要知道，如果教师知道学生拥有了丰富的数学储备知识和背景知识，在教师的引导下再通过自己主动的思维活动过程去获取新的数学知识，可以使学生在理解该数学知识时，将运用该数学知识的"触发"条件结合起来，形成条件化和结构化的知识结构，这将会对学生的数学知识、数学能力和数学情感形成起到极大的促进作用。

（三）漠视的数学情感态度

在推行我国第八次课程改革之前，有学者对我国的中小学基础教育状况做过大规模的调查研究。其中有一项涉及对两百名中小学数学教师以及师范大学数学系的研究生的调查，问题是："当你看到数学这个词，你首先想到的是什么？"调查的结果是：76%的人首先想到的是计算、公式、法则、证明，20%的人想到的是烦、枯燥、没意思、成绩不及格，4%的人回答是数学使人聪明、有趣、有用。这是一项很有意义的调查，也得到了一个很有意思的结果，因为被调查的对象不是普通大众，而是中小学的数学教师和师范大学数学系的学生（准数学教师），正是这些人在从事着和即将从事数学教育教学研究活动。不同的人会对数学有不同的认识，不同的数学认识就会产生不同的数学观念，就会导致不同的数学教育教学行为。试想一下，如果在我的观念中数学很烦、很枯燥、很无味，怎么能培养学生对数学的感情？如果我的观念里，数学是计算、是公式、是法则、是证明，那我的数学课堂就会是讲计算、讲公式、讲法则、讲证明，就会是数字、演算、推理；如果我的数学观念是有趣、是有用、是好玩儿，学生就会对数学知识和数学课堂留下美好的回忆，"或者是深刻的思想、或者是凝练的公式、或者是精妙的推理、或者是美妙的图形、或者是奇特的数字、或者是有用的模式和有趣的图表"，那我的数学课堂就会是生动活泼、丰富多彩的。

诚然，中国的数学教学有其值得肯定的地方，特别是数学双基的落实得到了一些国家的认可，有学者对中国数学的教育教学进行研究后形成了所谓数学的"中国学习者悖论"。"中国学习者悖论"表现在数学教育教学活动滋生出来一些怪病并形成顽疾，其中之一就是不注意引导学生对数学的情感，不能培养学生对数学的兴趣，没能让学生在数学的学习中体会到成就感、快乐感，学生在数学的学习中缺乏主动性，让一些学生对数学丧失信心，惧怕数学甚至远离数学。

第四节　中学生数学思维能力培养策略

培养学生的数学思维能力，让学生乐于学习、主动学习，发展学生的想象力和创造力，是初中数学教师的责任，也是提高初中数学教学效果的必然途径。本节结合实际情况，依据初中数学课堂经验，提出一些策略，对于培养学生的数学思维能力将起到积极的作用。

一、激发情感，提高思考的积极性

教育离不开情感，因为情感是人类思维活动的一个重要方面，它伴随着认知过程而产生，并对其带来重要影响。教学中，可以通过以下措施来激发积极的情感，从而活跃学生的思维。

（一）建立良好的师生关系

数学教学活动是师生积极参与、共同发展的一个过程，师生间的讨论、交流、互动，是展示思维的重要环节。如何把握师生的这种交流互动，需要教师积极组织思维，提供给学生充分展示自我思维的机会，了解学生真实的想法，从而有效指导学生的思维活动。

初中数学学习过程中，学生往往会因为教师而喜欢或者讨厌这门课，教师与学生之间的关系对于学生的学习热情和学习积极性起着重要的作用。教学过程中，教师不注意自己的言行，因为小问题对学生呵斥，学生自然而然会产生严重的抵触情绪，也就没有了学习的动力，限制了数学思维的发展。

教师是教学的主导者，学生是教学的主体，两者存在着密不可分的关系，共同构成了课堂教学。良好的师生关系可以显著提高教学质量，对学生数学思维的培养具有重要作用。初中数学老师要加强与学生的联系，在教学活动中，关心爱护学生，在课间多与学生沟通，了解学生的思维现状和对学习的兴趣，给予学生更多的鼓励。教师与学生之间建立融洽的师生关系，学生不但会喜欢这门课，创造良好的学习氛围，也更愿意与老师分享生活中的问题，有助于激发学生的思维，提高学习的积极性。

（二）适时引导，激发兴趣

兴趣是最好的老师，也是学生自主学习的内在动力，是学生培养思维的前提。兴趣是非智力因素，但是对思维的发展却至关重要。初中数学教学中，学生自主学习兴趣的培养占有重要地位，兴趣越浓，思维就越清晰，注意力越集中。带有浓厚学习兴趣的人，不仅表现为积极思考，还能够自觉主动学习。教师要善于利用各种方法，激发学生主动学习的兴趣。教师要精心设计教学内容，创造动人的情景、智力游戏，使课堂教学生动形象，激发学生的求知欲望，丰富学生的数学文化知识。将数学与生活联系起来，指导学生运用已学的数学知识和方法解释实际问题。利用学生的认知提出问题，吸引学生主动思考，引导学生探索内在联系，掌握基本知识，发展思维。

初中生受经验思维的影响，往往缺乏探索精神，因此更要鼓励学生主动提出问题，发表不同的观点，数学思维的培养是一个过程，教师要适当分段，创造条件让学生乐于思维。对于一些函数题，很多学生缺乏直观的感觉，找不到相互的位置关系，最终难以确定所需解决的问题。教学过程中，可以通过函数图像，或者采用几何画板等绘图软件，将复杂问题直观地呈现出来，对于提高学生的认识可以起到积极作用。数学中处处存在美，激发学生对数学探索的兴趣，学生将会产生愉快的学习动力。

学生对数学产生兴趣的原因一般有两种，教师的人格和数学的自身魅力。教学过程中，联系实际生活，从现有的经验和知识出发，在良好的课堂学习氛围中，激发学生学习的积极性。发挥好教师的主导作用和引导作用，促进学生自身对数学的认知和学习自主性。

（三）重视情感因素

情感是人对客观事物的一种态度，反映了客观事物与人之间的一种特有的、高级的需要。人的思维与情感相互作用，情感可以促进思维，也可以对思维形成反作用。新课标的情感态度是兴趣、自信、动机等影响学生学习过程和效果的相关因素，通过教学过程中不断培养情感，使学生认识自我，建立自信，克服消极思想，不断进步，达到全面发展的目的。通过教学过程的反馈信息，教师不断调整自己的行为，提高学校教育水平。

初中数学教学中，良好的情感可以提高学生的认知行为，满足学生的情感需要，激发学生浓厚的学习情趣，对课堂教学效果起到很大的作用。教师亲切的提问、生活上的关心，都会感动学生的内心，产生良好的师生情感，学生也愿意与老师分享成功的快乐和挫折的烦恼。教师与学生相互沟通，教师可以针对学生的实际情况合理安排教学内容和教学形式。

二、重视数学思维品质教学

数学思维是以数学问题为出发点，通过数学命题和数学推理的形式发现、解决问题，对数学对象的空间形式和数量关系认知的思维过程。数学思维是一种特殊的思维，利用数学语言、符号等，对数学对象间接反映，对数学对象、数学条件进行创造性思维的过程。中学数学教学过程中，培养和发展初中生的数学思维能力处于核心地位，良好的数学思维品质对提高数学思维能力可以起到重要的作用。

数学思维品质，也称为数学思维智力品质，体现了个体思维水平、智力水平的差异，是衡量数学思维能力、判断数学能力高低的重要指标。初中生数学水平和解决问题能力的高低，很大程度上依赖于数学思维品质，数学思维的灵活性、深刻性、创造性是一个学生学好数学的重要条件。数学学习中，要不断培养学生的数学思维品质，提高数学思维能力，实现学生的全面发展。

（一）培养思维的深刻性

学生经常会满足于解题获得了答案，对概念等基础知识却一知半解，不理解解题方法的实质。对问题理解并不深刻，停留在思维的表面性和绝对化，解题往往丢三落四。只看事物表面现象，不深入理解本质规律，数学学习中表现在对一些定理、公式只是硬套，不去考虑成立的条件。

培养数学思维的深刻性是一个不断由浅入深的过程，对已经学过的数学知识不断思考，并从中认识客观事物的规律性。对于一些概念、公式，要理解其产生、发展过程，并把握应用条件，通过具体的生活实例来增强认识。

（二）培养思维的灵活性

教师在教学中，科学运用已有的知识，鼓励学生奇思妙想，培养学生的灵活性。数学思维的灵活性主要体现在能够从不同角度、不同方面，采用不同方法思考问题，善于引起联想，建立自己的思路，克服思维定式。教师要引领学生对数学问题认真深入地分析，把握问题的本质，灵活运用所学的方法、知识解决一些问题。培养学生思维的灵活性，提高数学教学实效。

（三）培养思维的广阔性

从事物的各种联系中去认识事物，把握事物的全体，抓住事物的基本特征，避免问题的片面性及狭隘性。数学教学中注意培养学生思维的广阔性，对提高学生的数学能力具有重要的意义。注意加强数学基本概念的教学，为数学思维能力的培养提供保证。思维活动必须以知识经验为依据，以概念为基础，并通过逻辑的推理方法来完成。

初中数学里，有各种各样的概念、公式，这些对于学生数学能力的提高和思维的发展起着重要的作用。同时，数学教学中要注重变式的运用，强调思维的变通性。思维的流畅性和变通性反映了思维的灵活性，不受局限。解题过程中注重一题多解的运用，从不同角度、不同方面分析问题、解决问题，最终可以熟练解决同类问题。

（四）培养思维的独特性

鼓励学生独立思考，增强自主意识，学会自由表达、自我选择，促进自我发展。启发学生的联想能力，启发学生从多方面去观察问题、思考问题，弄清问题的本质属性，找出解题的最佳方法、最快路径。鼓励学生求异和创新，重视思想方法的教学，指导和帮助学生学会学习，为学生独立学习知识、灵活运用与巧妙组合知识提供基础。

鼓励学生勇于争辩，克服思维定式和从众心理，改变单一思考模式，培养学生思维的求异性，纠正思路狭窄的缺点，在教师自身和教学过程，培养学生的创造性思维。

（五）培养思维的批判性

初中数学老师要让学生明白批判性思维的重要性，通过多途径培训，提高批判性思维能力。改变传统的教学观念，创造良好的氛围和环境，建立新型师生关系，培养学生思维的批判品质。数学教学过程中，组织讨论，培养学生对问题的怀疑能力。要从多方向分析问题，及时总结经验教训，不断反思和回顾，进行思维过程的调控，促使思维能力的提高。

三、加强数学思想方法教学

学生需要在掌握基础知识的基础上，挖掘思维潜能，掌握一定的数学思想方法。初中数学教育的目的是提高学生的数学素质，利用数学观点和数学思维，合理地分析、解决问题，课堂教学中渗透数学思想方法，用数学思想去理解数学概念，培养学生的概念理解能力，将抽象的事物具体化。定理、公式等的教学过程中，先不要给出结论，通过提问的方式，逐步引导学生参与结论的研究、发现，并形成对定理的形成过程和应用条件深刻的认识，培养学生对数学问题从特殊到一般、类比、归纳等数学思想。在解题教学中强调数学思想方法，合理联想，对一定的数学思想方法进行加工，逐渐找到题目已知条件和问题之间的关系。

运用数学思想方法，开拓学生的思维空间，优化解题思路，提高解题能力。在基础知识的复习过程中，应注意揭示和总结所蕴含的数学思想方法，通过观察、分析得出相互关系，使学生充分认识到数学思想在解题中的作用。解题中要不断反思，不断总结经验，增强认识。在解题过程中培养学生的反思习惯，引导学生有意识地从数学角度进行反思，将对学生提高思维能力有重大帮助。初中数学教学中，应结合数学课程标准，努力提高数学教师自身的数学思想方法素养，并渗透到教学计划和教案内容之中，把发现和创造的思维与方法教给学生。

四、创设问题情境

随着学生年龄的增大，初中生的理解能力、思维想象能力有很大的提高，教师仍然采用传统的方法，往往适得其反，学生也容易产生厌学情绪。初中的数学教材有其自身的特点，教师需要根据教材展开教学，并根据实际情况进行调整。数学教学时，针对学生的具体问题增加情境，适当引入日常生活的场景，激发学生的情感，让学生更好地融入课堂教学中。

学生对学习的兴趣，是数学思维积极发展的重要因素。在数学教学中，可以引用情境教学方法，采用多种方式创造情境，激发学生对于数学的热情，学生会投入到问题的思考中，联系实际生活带来的启示，并最终找到问题的答案。学生在情境教学中，遇到不懂的问题，自己查阅资料，可以锻炼学生们自主学习的能力，加深对知识的理解，培养学生的数学思维。创设生动有趣的情境，启迪学生积极思考问题。教师可以采用讲故事、做游戏、室外教学等方式，将本身枯燥的数字、符号和抽象的概念等变成直观的情境，引发学生的兴趣，激发学生的求知欲望，给思维培养提供动力。运用多媒体教学，使数学问题形象化、直观化，例如对于几何问题，可以采用图像软件，以计算机的形式呈现出来，学生理解起来也就非常容易了，同时对问题掌握得也更牢固了。

在"一元一次方程与实际问题"中，可以这样创设情境：郑州有两大购物中心为了迎接元旦进行了促销活动，甲购物中心采用的是全场物品打六折销售，而乙购物中心则是实行买两百送一百的活动，那么请问在商品标价一样的情况下，到哪家购物会更划算呢？很多学生觉得与自己的生活密切相关，就会积极主动地思考，进而解决问题。针对具体情况，合理选择创造情境的方式，使学生在不经意间学到有用的数学，从而激发学生的学习兴趣，主动求知，不断尝试解决新问题。

五、加强学生思维过程培养

数学是一种教与学的特殊活动，数学教与学的最高境界就是培养学生的数学观念。数学学习是对数学知识的学习和数学能力的提高，也是数学观念、态度的形成。在数学教学中，要坚持实事求是，使数学的概念符合于实际情况和经验。问题是数学的心脏，就是要寻找适当的行动，从困难中找出越过障碍的道路，达到最终目标。

在数学学习中，通过习题训练可以提高学生的知识掌握能力和解题能力，但是仅仅依靠题海战术很难达到预期效果，学生提高的也只是简单的模仿能力，数学逻辑思维能力并没有改善，并且大量的习题又占用了很多思考的时间，对学生整体能力的提高并没有作用。著名数学家波利亚认为，数学教育的根本目的是教会学生如何思考，解题是培养学生数学能力和思考能力的一种手段和途径，并将解题的思维过程归纳为一张"怎样解题表"。"怎样解题表"为问题的解决提供了一种一般化的模式，通过对解题过程的不断分析，由已有的经验总结出一般方法，并在以后的解题中发挥重大作用。

初中数学学习中，解答的题目可能很平常，但是如果学生有好奇心，并不断思考，发挥创造力，最终解决了问题，那么就会很享受这种状态。初中阶段学生的可塑性很强，如果能够培养学生主动思考问题的能力，将对以后的思想和性格产生重要影响。

第四章 数学方法论视角下中学数学课程教学应用

数学方法论主要是研究和讨论数学的发展规律、数学的思想方法以及数学中的发现、发明与创造等法则的一门新兴学科。本章首先介绍了笛卡儿数学方法论形成的思想来源与体系构成，然后论述了数学思想、数学思维与数学方法的关系，接着举例说明数学方法论在中学数学教学中的应用，最后阐述了几点关于数学方法论在中学数学课程中的实施策略。

第一节 数学方法论的起源发展与特征分析

一、笛卡儿数学方法论形成的思想来源

任何一种哲学都不能摆脱它的文化传统，正像鱼儿离不开水一样，它们多多少少都是传统文化的一种积淀和传承，因而我们能够看到人类思维的继承性。然而，任何一种新的哲学的出现，都是对传统文化的否定和革命，它们是"物种遗传"中前进式的突变，从而又能使我们看到人类思想过程中的间断性。笛卡儿是近代哲学的开创者，他的哲学内容有着希腊的渊源、经院哲学的烙印，但它又是在近代科学和文明的熏陶下，冲破重重枷锁，在法国这片特殊的土地上孕育起来的时代骄傲。

（一）希腊数学哲学思想

自古希腊开始有哲学以来，数学就已成为哲学问题的一个重要来源。笛卡儿清楚地认识到，苏格拉底以前的希腊人凭着创造性的天才发明了几何学和算术科学，它们是能够获取无可怀疑知识的科学。尤其是柏拉图哲学中也隐约透露着只有牢牢地掌握了几何学知识，才有可能在更高的领域获取知识，可以说，掌握几何学是研究哲学的基础。笛卡儿数学方法论也延续着这种思想，他把几何学作为哲学研究的基础和效仿的样板，力图用几何

学来改造哲学，使哲学达到几何学的那种确定性。几何学的推论是清楚明白、无可怀疑的，从直接公理出发，推论出一系列其他原理，因而它成为真理的化身。真理就是从清楚明白、无可怀疑处发现的，真理性等于确定性。哲学是追求真理的科学，它首先应该以简单、明了、无可怀疑的东西作为立足点和出发点，然后再进行从简单到复杂的演绎。因此哲学首先要解决的问题就是研究的方法论问题，首先要选择的方法就是数学方法。

（二）近代的启蒙精神

随着近代自然科学的长足发展，打破了封建神学的自然观，摧毁了许多作为经院哲学"科学根据"的学说。如哥白尼《天体运行论》的太阳中心说，摧毁了统治 1000 多年之久的地球中心说。伽利略发现了惯性定律、自由落体定律、抛物体定律、钟摆等时性定律等许多自然规律，通过数学表达应用于自然界，勾勒出了近代物理学的新图景。这些近代启蒙精神，对笛卡儿思想的形成产生了重大的影响。尤其是文艺复兴以来，更多的数学方法被应用于自然科学研究，数学方法的意义更加凸显。如数学家路加·帕乔里把数学称作"可以运用于一切事物的普遍规律"，达·芬奇则认为："凡是不能运用数学的地方，凡是跟数学没有关系的地方，在那里科学也就没有任何可靠性"。① 在这样思想的影响下，笛卡儿在试图创立自己完整的理性主义哲学体系时，数学方法也就自然而然地得以渗透。

二、笛卡儿数学方法论体系构成

综观哲学的发展历史，从中古到近代，有许多既是哲学家又是数学家的研究者，也希望把数学方法移植到哲学研究中，但都未取得像笛卡儿这样的成就。正如斯宾诺莎所说："他依据这个方法首先在数学中把古人无法接近而今人又仅能期待的真理从黑暗引入光明，然后给哲学奠定了不可动摇的基础，并示范地指明了绝大部分真理都可以用数学的程序和确定性在这个基础上建立起来。"②

（一）笛卡儿数学方法论指导原则——一般数学 （Universal Mathematics）

笛卡儿认为，"科学，从整体上讲是真的和确切的认识"③，科学研究，要"使我们自己成为自然的主人和所有者"，就要去探求确实可靠的知识，并且，首先就应该去探讨获得这种"真的，确切的认识"的方法。因而，我们的心灵就不应该局限在一个狭窄的、特

---

① 纪志刚：《天才的科学家达·芬奇》，载《科学、技术与辩证法》1987 年第 5 期。
② ［荷兰］斯宾诺莎：《笛卡儿哲学原理》，王荫庭、洪汉鼎译，商务印书馆，1991 年版，第 36 页。
③ ［英］伊丽莎白·S. 哈尔丹：《笛卡儿哲学著作集》（第 1 卷），李琍，徐卫翔译，商务印书馆 1985 年版，第 1 页。

殊的领域，我们的研究就不应该执着于个别的、具体的问题，而应该树立一个总的目标，那就是"应该考虑如何增加他的理性的自然之光"①，提高人的认识能力。

要发现真理，首先就应该寻找我们在探究真理过程中急需的工具。对于关心真理的人来说，应该在研究和解决各种具体问题之前，先确定人类知识的本性和范围，看看人类理性是否适合解决这些问题。因此，我们首先应该建立另外一门科学。他说："这样一门科学应当包含人类理性的基础知识，它的范围应当扩展到在每一个学科中引出正确的结论。自由地说，我深信，它是比人类力量已经赋予给我们的其他任何工具更有力的知识工具，它是其他一切知识工具的源泉。"②笛卡儿所说的这门科学就是方法论，是获得真知的方法。

在笛卡儿看来，科学是一个整体。"全部科学是如此地相互联系着，以至于把它们总起来研究比把它们孤立起来研究容易得多"③，"被总到一起的各门科学和人类智慧是同一的，它永远是一，并且是同一个东西，然而当应用到不同的门类中去时，就会从它们中产生出差别，和太阳光照射到各种各样的物体上去所产生的差别一样多"④。这门科学实际上就是一门一般的科学。

但是，从何处能得到这种赖以能够获得确定的、明确的知识的一般方法呢？在 17 世纪的欧洲，人们把数学认为是最确定的科学。"全部迄今为止的科学，只有算术和几何学摆脱了虚假和不确定的污点"。⑤ 算术和几何学在确定性上优越于其他科学，因为这种基于公理推导出的证明是无可怀疑的，也是不被任何权威影响的；证明的结果是确实的，并且也提供了证明过程的有效方法。笛卡儿就是要到这种有无可比拟的确定性的科学中去寻找发现真理的方法。经过分析后，笛卡儿发现许多数学家的研究结论的运算和推演过程是合理的，数和形的结论是正确的，"但是他们在心灵中并没有足够清楚地认识到为什么那些事物是如此，他们是怎样发现它们的"⑥。笛卡儿说："正是这些反思把我从对算术和几何学的特殊研究中召唤到对数学做一般的考察，随即我试图确定：（数学）这个名词的一般意义精确地说到底是什么？并且为什么不仅上面提到的这些科学（算术和几何学），而且天文、音乐、光学、机械学和一些其他科学都被称为数学的部分？确实这里从词源上来考察是不够的，因为'数学'这个名字和'科学研究'完全是一样的意思。这些其他的

---

① ［英］伊丽莎白·S. 哈尔丹：《笛卡儿哲学著作集》（第 1 卷），李琍，徐卫翔译，商务印书馆 1985 年版，第 2 页。
② 同上，第 11 页。
③ 同上，第 2 页。
④ 同上，第 1 页。
⑤ 同上，第 4 页。
⑥ 同上，第 1 页。

分支完全和几何学本身一样，都能够叫作数学。"①

笛卡儿认为，各门具体科学之所以可以融合研究是在于它们研究的共性都可以抽象为"顺序"（order）和"度量"（measurement），而这两点直接与数学相关。所以他想"必须有某个一般科学把那些元素解释为一个产生关于顺序和度量的整体，而不把它们限制在特殊的对象上。我觉得，人们可把这个叫作'一般数学'。在这门科学中包含有另一种因为它而使其他科学称作数学的部分的东西。我们看到在有效性和简明性方面它远远优越于从属它的那些科学"。

在现实中许多人更乐于追求具体科学，而没有人愿意掌握这门科学，有的是因为大家觉得太简单以致忽视了，有的则是觉得没有必要寻找这样的方法，更重要的在于研究结果。而笛卡儿认为，在追求真理的过程中，应该先从最简单、最容易的基础开始，一步步推理才能获取最具可靠性的真知。这就是他"尽最大的力量研究这个一般数学的原因"②。

这个"一般数学"（Universal Mathematics）与"数学"（Mathematics）不同，二者的关系如同"工具"与"通过工具获得的成果"，数学是由算术和几何学构成，而一般数学包含一切自然科学和社会科学，但是它又抛开了这些学科的具体研究对象，只是研究这些学科的基础——顺序和度量。许多自明的公理、确定的命题、严谨的推理过程、精确的结论构成了数学的基本元素和主要内容，而这些在一般数学中只是形式，即我们要挖掘的是一套从普遍认知的公理出发，以一种逻辑性、系统性的推导方式证明真理的形式，而不是结论。这是二者的本质区别。但是一般数学与数学有一个共同点，这就是高度的确定性，必须是自明的、确定的、不包含错误的。因此，"笛卡儿要从数学学科中借鉴的不是数学的结论，而是数学的方法"，即从最简单的、无可怀疑的公理出发，经过逻辑推演，获得全部结论。不仅如此，笛卡儿最终目的是要把这种数学的方法推广到其他一切科学中去，包括哲学。由此，他确定了世界的物质和运动的同一性。这一方法确立的深刻意义在于，笛卡儿要改变经院哲学那种用质的方式去观察世界的观点，而承认世界在质的统一性的前提下，用量的方式去观察世界，这是一种思维方式的变革。

（二）笛卡儿数学方法论的核心——精神直观与理性演绎

笛卡儿说："方法，我是指确实和简单的规则，如果某人准确地遵从它们，他将决不会把假的东西当成真的，决不会把他的精神努力无目的地花费，而将总是逐渐地增加他的

---

① 同上，第13页。
② ［英］伊丽莎白·S. 哈尔丹：《笛卡儿哲学著作集》（第1卷），李琱，徐卫翔译，商务印书馆1985年版，第13页。

知识，这样对于所有不超过他的能力的东西得到一个真实的理解。"① 他认为我们以往所获得的知识不具有确定性，是因为我们获得知识的方法有缺陷，或者是方法不适用。"但是，如果我们的方法正确地解释了应该怎样运用精神的洞察力，以至于不陷入矛盾的错误，并且解释了应该怎样发现演绎，以使我们能够获得全部事物的知识，我看不出还需要什么使这个方法更完全，因为我已说过，除了通过精神直观和演绎外得不到任何科学。"② 由此可见，笛卡儿数学方法贯穿两条主线，一是怎样寻找精神直观，二是怎样通过精神直观来进行理性演绎。那何谓精神直观与理性演绎呢？

首先我们应该先理解什么是精神直观。笛卡儿说："'直观'，我们理解为，不是感官的往复不定的证据，也不是起源于想象力错误地建构出来的骗人的判断，而是一个纯净的和专注的心灵如此迅速、如此清楚地给予我们的概念，以至于对于我们理解的东西完全用不着怀疑。"也就是说，"直观是一个纯净的、专注的心灵所具有的无可怀疑的概念，只是来自理性自然之光，它比演绎本身更确定，因为直观本身更简单，虽然演绎不能被我们错误地运用"③。本文所指的精神直观即为笛卡儿所说的"直观"，但不等同于人们现在定义的直观概念。目前字典中解释："直观是通过对客观事物的直接接触而获得的感性认识。"这就是说这种直观是人们通过肉眼的观察结合自身知识结构做出的感性判断，它包含正确的认识也包含错误的认识，因此具有不确定性。而精神直观则是人们运用与生俱来就拥有的自然之光对客观事物进行不依赖于感官的思考，用心专注于那些最简单、最容易认知的事物上，从而获得一个类似数学公理那样清楚明了、无可怀疑的概念。因此精神直观应有两个特点：纯粹而简单，尽量避免推理，仅凭自我的自然之光便一目了然；精神直观是给予确定性的唯一手段。

接下来我们要理解何谓理性演绎。笛卡儿说："认识的补充方法，即通过演绎来认识。我们把演绎作为起源于其他那些我们确实地认识到的事实的全部必然推论"。④ 本文所指的理性演绎是在精神直观的基础上，必须通过理性进行继起性的逻辑推理所得到的事实的全部必然推论，它与亚里士多德的三段式演绎是有本质区别的，与现在意义上的演绎也是有区别的。因此理性演绎应有以下特点：理性演绎必须是在精神直观的基础上形成；它应当是我们心灵中持续的、不间断的活动，是步步紧扣的逻辑推理过程。作为认识对象本身的性质也需要这种理性演绎的方法，因为许多事物单靠它们本身的证据直观地被认识还不

---

① 同上，第 10 页。

② ［英］伊丽莎白·S. 哈尔丹：《笛卡儿哲学著作集》（第 1 卷），李琍，徐卫翔译，商务印书馆 1985 年版，第 10 页。

③ 同上，第 7 页。

④ 同上，第 8 页。

够，还需要由心灵中持续的、不间断的活动，从明白的、无可怀疑的原则推演而来，这就如同数学推理过程，由公理推演出结论。由此可见，精神直观和理性演绎是两种不同的认识方式，前者属于直接认识方式，后者是间接认识方式。

精神直观和理性演绎是认识事物的基础方法，它们是笛卡儿方法论的核心，"除了那些自明的直观和必然的推演，人类没有直接通向确定知识的道路"。[①] 也就是说，精神直观提供了人类认识过程中最基础的观念，然后从它们开始进行理性演绎的推理过程，最后导出全部确实可靠的知识。有了上述框架后，接下来要解决的问题：一是怎样寻找精神直观，二是怎样通过精神直观来进行理性演绎，它们又是以怎样的方式进行的？以上两个问题的解决主要在于方法论的实施步骤。

（三）笛卡儿数学方法论的实施步骤——分析和综合

笛卡儿说："方法完全在于对象的顺序和排列。"从这句话中我们可以看出，笛卡儿认识事物的过程取决于事物构成的顺序。复杂的事物可以分解为若干清晰的部分，这些部分按照一定的顺序排列起来，还原为原事物或推演出其他事物，以达到认识的目的，因此顺序与排列起着关键性的作用。笛卡儿在《指导心灵的规则》中给出了遵循的顺序："我们要将那些复杂的、隐晦的命题逐步地变成那些更简单的命题；然后，从对所有绝对简单的命题的直观理解出发，以精确相似的步骤力图上升到其他事物的知识。"[②] 这里包含两个不同过程的顺序：一个是剖析命题的过程即寻找精神直观的过程，我们称之为分析；另一个是通过精神直观理性演绎出原命题或新命题，我们称之为综合。由于事物总是复杂多变的，因此划分的过程也不可能完全清晰，有时既包含分析的过程，又包含综合的过程。

接下来我们先看分析。"把我们要考察的每一个难题尽可能地划分成许多细小的部分，而且为了能够以最好的方式解决它，需要怎样划分就怎样划分。"[③] 从这句话我们可以看出分析的主要任务就是找到最简单的东西、事实或命题，这是一个从个别去找一般、从具体走向抽象的过程。笛卡儿对"分析"有其独到的理解，它不是外延的分析，而是内涵的分析。如"花"有各种各样的颜色，白、黄、红、黄色的花，还可分为三瓣花、五瓣花等，然而这些都是花的表面特征，笛卡儿追求的是从这些表面特征中分析出花的物质性、化学性等一切花的共性。通过这个去粗取精、去伪存真的分析过程，获得的这个共性排除了一切非本质的现象，形成一个最简单明了的概念。如：花的结构如何？花是由那些物质

① [英] 伊丽莎白·S. 哈尔丹：《笛卡儿哲学著作集》（第1卷），李琍，徐卫翔译，商务印书馆1985年版，第45页。
② 同上，第48页。
③ 同上，第92页。

构成的？当然这样的分析过程可能要反复进行多次才能找到具有"纯粹而简单"性质的新概念。

有时候这样还不够，为了更好地进行分析获得确实可靠的结论，我们还需要能够找到相关问题全部事实总体情况和详细过程，确保结果全面、精确、无一遗漏，这就得依靠列举。笛卡儿告诉我们："在一切情形下，列举尽量全面，审视必须广泛，使我们确信没有遗漏任何东西。"①

我们知道，数学中的每一个公式、命题都要进行严格的逻辑证明后才能得到，通过步步紧扣的逻辑推理，其结果才具有可靠性。笛卡儿把数学方法移植到哲学中，形成了一套类数学式的公理到结论的哲学逻辑推理方法，从而获得真知。这种方法运用在自然科学的理论研究中，效果也很显著。为此，马克思也认为只有成功运用数学方法，这门科学才能完满。恩格斯也把数学称为"辩证的辅助工具和表现方式"。笛卡儿认为各门具体科学和哲学在本质上是一致的，方法是同一的，所以他用其特有的数学方法研究具体数学学科，创立了解析几何，开创了数学史的新纪元。

第二节　数学方法论的内容辩证

一、数学思想和数学方法的关系

数学思想与方法有着密切的关系，通常把它们作为一个整体，表述为"数学思想方法"。数学思想，是数学知识的精髓，也是知识转化为能力的桥梁。有目的、有计划地进行数学思想方法的教学，可以让学生感受、理解知识产生和发展的过程，培养科学精神和创新思维习惯，增强获取新知识的能力。

（一）数学思想与数学方法

数学思想和数学方法没有十分明确的界限，一般来说，数学思想是对数学理论与内容的本质的认识，是从某些具体的数学内容和对数学的认识过程中提炼出来的数学观点，它在认识活动中被反复运用，带有普遍的指导意义，是建立数学意识和用数学解决问题的指导思想。中学数学的主要思想有：方程的思想、函数的思想、分类的思想、数形结合的思

---

① ［英］伊丽莎白·S. 哈尔丹：《笛卡儿哲学著作集》（第 1 卷），李琳，徐卫翔译，商务印书馆 1985 年版，第 92 页。

想、转化的思想、统计的思想、模型的思想等。数学方法是指在用数学的观点提出问题、解决问题（包括数学内部问题和实际问题）的过程中，所采用的各种方式、手段、途径等。中学数学中的方法，大体可分为两类，即数学方法和逻辑方法。数学方法主要有代入法、比较法、换元法、初等变换法、数学模型法等。逻辑方法主要有分析法、综合法、归纳法、类比法、关系映射反演的方法。这些方法既要遵守逻辑规则，又能运用于数学之中而具有数学特色。

（二）数学思想与数学方法的关系

数学思想和数学方法是相辅相成、紧密联系的统一体，一般来说，强调指导思想时称数学思想，强调操作过程时称数学方法。

例如：化归思想方法是研究数学问题的一种基本思想方法，我们在处理和解决数学问题时，总的指导思想是把问题转化为能够解决的问题，这就是化归思想；而实现这种化归，就是将问题不断地变换形式，通过不同的途径实现化归，这时就可称为化归方法。又如：同一个数学成果，当用它去解决实际问题时，就称之为方法；当评价它在数学体系中的自身价值和意义时，就称之为思想。比如用"极限"求导数求积分、去解方程时，人们就说它是极限的方法；当我们讨论它的使用价值，即将变化过程趋势用数值加以表示使无限向有限转化时，人们就称之为"极限的思想"。也就是说数学思想和数学方法往往不加区别。

数学方法在实际运用时往往具有过程性和层次性的特点。这是因为每一种数学方法包含若干个环节，每个环节都具有独特意义，环节之间又有一定关系。数学方法的层次性是由数学特点决定的，在全部数学内容中均包含着从客观现实到逐级抽象结果的不同层次，数学内容是数学方法的基础和载体，因此数学方法也有不同层次，当然，在不同层次间又有着交错的关系。例如：二元一次方程组的解法，就有三个层次，消元法是第一个层次（最高层）；为了消元可考虑用加减消元或代入消元，这是第二个层次；然后进行具体的恒等变形，这是第三个层次（最低层）。而且层次越低，可操作性越强；层次越高，包含的内涵越丰富。

由以上分析不难看到，数学思想方法是处理数学问题的指导思想和基本策略，是数学的灵魂。因此，引导学生领悟和掌握以数学知识为载体的数学思想方法，是使学生提高思维水平，真正懂得数学的价值，建立科学的数学观念，从而发展数学、运用数学的重要保证，也是现代教学思想与传统教学思想的根本区别之一，可以说，数学上的发现、发明主要是方法上的创新。

总之，由于数学思想方法是基于数学知识又高于数学知识的一种隐性的数学知识，要在反复的体验和实践中才能有所领悟。因此，作为数学教师必须深入钻研教材，充分挖掘有关思想方法，才能使学生从整体上、从内部规律上掌握系统化的知识和以数学知识为载体的思想方法，形成良好的认知结构，提高学生洞察事物、寻求联系、解决问题的能力，培养现代社会需要的高素质人才。

二、数学思维与数学方法的关系

（一）数学思维及数学思维的特点

思维是人类的理性认识活动，它推动着人类社会的发展，同时，它也推动着人类自身的智能发展。

数学是一种思维科学，数学学习的全过程充满着思维的过程。思维是数学认知的核心，它决定着数学学习的活动，所以数学思维，就是以数学为对象、以数学活动为载体的一种思维。它是从心理学、认知学、逻辑学的角度来研究思维的形式、规律与方法的。

数学思维从数学学科的特点出发，在数学学习过程中主要表现为以下特性。

1. 数学思维的问题性

问题是数学的心脏。它促使数学发现，推动数学的发展。没有问题就不会导致数学思维。数学思维主要表现在数学问题解决过程中。希尔伯特说："正如人类的每项事业都追求着确定的目标一样，数学研究也需要自己的问题。正是通过这些问题的解决，研究者锻炼其钢铁般的意志和力量，发现新方法和新观点，达到更为广阔和自由的境界。"在数学学习中，数学思维总是从提出问题开始的，并且数学思维贯穿问题解决的始终。

2. 数学思维的概括性

思维的概括性主要表现是通过思维来把抽象出的事物本质特性联合起来，再推广到同类事物中去。

在数学思维中，思维的概括性可以使数学知识灵活应用和推广。概括就是迁移，数学思维的概括性具有学习迁移的作用。例如，通过思维的概括，可以把分数的性质推广到分式上去。

3. 数学思维的间接性

间接认识事物是思维的一大功能。数学思维的间接性在数学学习过程中经常出现，并表现出它的威力与作用，当然数学思维的间接性是要凭借已知的数学知识进行思维才能表现出来的。

例如，对无理数 $\sqrt{2}$ 的无理性也不是直接可以认识到的，而是通过间接的思维途径去认识它。

（二）数学思维与数学方法的关系

数学思维与数学方法的联系十分密切，从一定意义上来说，数学思维就是数学方法，数学方法是数学思维的表现形式，或称数学思维方法。数学方法，是人们从事数学活动时所采取的方式、手段、途径等的统称。列宁指出："方法就是对自己内容的内部之自我运动的形式之觉识。"可见，方法就是对内容的运动形式的认识。数学思维方法就是对数学内容的思维运动形式的认识。学习数学思维就是学习数学思维运动的形式。从方法的角度来说，就是学习数学思维的方法。

方法经过主体的思维加工才能成为适用于某个问题的，有明确目标的操作程序。思维不仅在方法的形成阶段中起到作用，而且在其运用中也有重要影响。例如，分析与综合的数学方法就表现了上述特点，因为分析与综合是对研究对象的思维的两种不同的过程，它们是互为条件、互相依存、互为因果的思维过程。分析是把研究对象的整体分割成若干个部分，综合则是把研究对象的若干个部分联合成有机的整体，因果分析是执果索因，而因果综合是由因导果，由此可知分析与综合是思维过程的两个方面。通过分析可以更好地综合，通过综合又促进分析，所以用"综合—分析—综合"的思维过程才能使思维达到更高的境界。

从数学思维和数学方法的关系可知，数学方法只有通过主体的思维加工才能转化。如果数学教师能有意识地强化学生的数学思维，则必将促进学生思维水平的提高，使数学方法的运用得到升华，从而提高学生的数学学习成绩。

三、数学学习与教学方法的关系

数学课程论、数学教学论、数学学习论，往往被人称为数学教育学的三大支柱学科。事实上，在数学教育过程中，课程、教学与学习分别对应着教材、教师与学生，它们是数学教学过程的三大要素。在这三大理论中，数学学习理论虽然诞生得最晚，但它已成为前两大理论的基础与依据。因此，可以说，数学学习理论是数学教育理论的基础与奠基，从它的诞生之日起就有如异军突起，表现出它的勃勃生机。

今天，数学学习理论已成为数学教育工作者研究的热门话题。它是世界上数学教育观念更新的产物，是时代发展的必然结果。

学习是指人在一定的环境中，使个体获得经验，以及较持久地改变行为能力与心理倾向的过程。数学学习是指人在数学环境中，获取数学知识的过程。数学知识的学习过程，就是对数学知识的认知过程。数学知识的形成是数学知识认知的一种重要形式。数学知识的形成过程从实质上讲，就是一种从个别到一般、从特殊到普遍的认识过程，是对外界输入的数学信息的加工过程，也就是指对信息的思维加工。加工的表现方式，就是数学方法，因此，要想掌握数学知识首先就必须掌握学习数学的方法。

　　数学学习的任务主要包括：数学知识、数学技巧、数学能力（能力是个体将已有知识运用于操作，以达到目标、完成任务的高级神经系统活动的潜在热能。数学能力包括一般能力、特殊能力）、数学思想方法（数学思想和方法是在数学知识、技能技巧学习过程中反映出来的。九年义务教育全日制初级中学《数学教学大纲（试用）》中也指出了"在数学知识学习中，还要学习到从基础知识中，所反映出来的数学思想和方法"）。数学思想是指人们对数学理论与内容的本质的认识，数学方法是指某一数学活动过程的途径、程序和手段。可以说，数学方法是数学内容的运动形式，它具有过程性、层次性和可操作性等特点。数学方法的灵魂就是数学思想。因此，数学思想是人们对数学方法的抽象认识，数学方法是数学思想的具体化形式。总之，数学思想与数学方法是密切联系的统一体。数学学习研究是数学教育研究的一个重要组成部分，它服从数学教育研究方法。方法一般地被理解为工具和程序两个方面。在工具方面正如黑格尔在《逻辑学》中指出的："在探索的认识中，方法也就是工具，是主观方面的某种手段，主观方面通过这个手段和客体发生关系。"

　　数学学习的研究方法，从宏观上有思辨的方法和实证的方法。

　　如所知，数学学习活动的过程也就是数学方法产生的过程，即数学学习产生数学方法，而数学方法的掌握又能促进数学学习的提高。不难看到，数学方法不是从天上掉下来的，也不是从数学的外部强加给数学的。数学方法来自数学自身，是人们对数学对象自身规律的觉察和意识。数学方法的析出是人的一种自觉的活动。如前所述，数学方法的产生及发展与数学学习的过程是相伴而行的。

第三节　数学方法论在中学数学课程中的实施策略

　　数学方法是从事数学活动时所使用的方法。数学方法论是研究和讨论数学的发展规律、数学的思想方法以及数学中的发现、发明与创新法则的一门学问。不难看出，数学方法不是从天上掉下来的，也不是从数学的外部强加给数学的，数学方法来自数学自身，是人们对数学对象自身规律的觉察、意识。数学方法的析出是人的一种自觉的活动。纵观数学发展的历史可知，数学方法的产生与发展是与数学相伴而行的。而数学方法的形成正是人们的认识从不自觉到自觉的过程。数学方法只有通过主体的思维加工才能作为人们主观的经验和客观上干预数学发展进行的有力工具。人们的思想不仅在方法的形成阶段中起到作用，而且在方法的运用中有重要影响。数学方法的一个重要特点是，数学教育本身已体现了研究数学的方法，数学教育本身也具有方法性功能。

数学教学实质上是数学思维活动的教学，课堂教学是引导学生充分进行思维活动的过程，方法经过主体思维加工才能形成，因此学生的数学思维能否得到培养，教学效果是否显著，很大程度取决于数学方法的运用，而数学方法运用得是否得当，这便是策略了。

策略是高层次的信息处理方法。策略在数学方法的运用中是减少尝试的任意性。节约时间和精力，使成功具有更大的可能性。

策略与方法，虽有相通之处，但方法的本质特征是程序性；策略的作用主要在于启发对问题的分析，对问题本质的认识或发现。在数学方法的运用过程中，策略起着启发和引领的作用，并且不同的数学方法，要使用不同的策略，具体策略如下：

1. 观察和试验方法的运用策略是，必须把观察和试验进行有机的结合，这样才有助于拓宽思路，沟通数学知识间的内在联系。

2. 分析和综合方法的运用策略是，把分析法与综合法结合起来使用，相互补充，交互使用，在分析的基础上进行综合，在综合的指导下进行再分析、再综合，以便尽快探索出合理的运用途径。

3. 在运用比较和分类的方法策略时，应考虑到分类是从比较中派生出来的，更为复杂一些的思维方法。在教学中，如果对学过的知识恰当地进行分类，就可使大量纷繁的材料带上条理性，提高教学效果。

4. 抽象概括和具体化方法的运用策略是，把抽象概括和具体化联系起来使用，因为，抽象是概括的基础，概括是抽象的发展，具体化是把抽象、概括中获得的概念和理论用于实际。在数学教学中，只有把抽象、概括得到的理论认识，通过具体化，才能用以解决有关的实际问题，所以，从一定意义上说，抽象、概括、具体化，这几种数学方法，是理论联系实际的需要，也是教好、学好、用好数学的需要。

5. 数学模型方法的运用策略是，数学模型是从现实世界中抽象出来的，是对客观事物的某些属性的一个近似的反映。所谓数学模型方法，是把所考察的实际问题，化为数学问题，构造相应的数学模型，通过对数学模型的研究，使实际问题得到解决的一种方法。建立数学模型大致分为三个步骤：①"模型准备"。了解问题的实际背景，明确建模的目的，掌握建模的方法。②"模型假设"。根据对象的特性和建模的目的，抓住主要因素，对问题进行必要的简化，并用精确的语言做出假设。③"模型建立"。根据所做的假设，利用有关的数学理论，刻画各个量之间的关系，建立相应的数学结构。如果现有的数学工具不够用，可以根据实际情况，创造新的数学概念和数学方法，去表现数学模型。

6. 运用关系映射反演原则的策略，把一个领域、一个关系结构中的数学问题，映射到另一个数学系统中加以解决，称为关系映射反演方法。使用该方法的策略是利用两个系统之间的联系与相似性来解决问题，在具有结构的系统内，同态映射不必是一一对应的。系统可大可小，情况多种多样，要点在于通过系统间的对应，建立两系统之间的对应关系，以利于指导解题。如果系统间的对应不一一对应，那么利用这样的映射反演方法后，须注意一些必要的弥补工作。

总之，数学方法的种类较多，这里不一一列举，只要方法使用巧妙，就能事半功倍。

第五章　数学方法论视角下中学数学课程创新教学发展策略与实践

创新是人类社会发展与进步的永恒主题。创新具有不同的方面和层次，它不仅是科技界和高等学校的任务，也是基础教育面临的重要任务。只有从作为学校教育源头的中小学开始抓创新教育，才能使一批又一批优秀年轻人脱颖而出成为可能。

第一节　构建中学数学创新教育模式体系

一、构建创新教育原则的方法论基础

综观教育史，人类已经总结出众多教育原则，科学性、思想性、启发性、直观性、巩固性、量力性、系统性、理论联系实际、因材施教、教师指导作用等。它们都是以解决学生对知识技能的掌握而提出来的，目标是培养适应于农业社会、工业社会所需的传承型人才。而创新教育要解决的是学生创新意识与能力的发展，目标是培养适应于信息社会所需的创新型人才。因此，从根本上讲，这些教育原则不适应创新教育活动，创新教育必须构建自己的原则。

构建创新教育原则，首先要确定创新教育原则构建的方法论基础。在此，建构主义学习观对我们是有所启示的。建构主义认为学习是建构性的，学习的本质起源于主体的实践活动——主体与外界的交互行为及其内部认知加工过程，是主体通过活动对体验的内化、知识意义的生成和人格精神的建构过程。建构即是主体内在潜能的自觉开发和价值的自我实现，建构的意义在于使学生在"学习共同体"的自主的交互性活动中主动进行认知改组、统合、充实、完善，从而获得知识经验、情感、智慧、能力、个性等素质以及友爱、合作、人生价值和创造性等潜能的发掘和发展。按照建构主义的解释，教学不是将知识以成品的方式教给学生的过程，而是学生通过自己与外部环境的交互活动主动获得知识的过程；学习也不是大一统的信息存贮过程，而是学生通过自己独特的认知方式和生活经验对

外在信息的独特理解、感悟、体验和特定情境下的心理加工，构建知识意义与价值理念的过程，是师生乃至同学之间在现实的交往互动中探索生命意义、创造人生体验和生活智慧的生命活动的过程。

据此，我们获得了构建创新教育原则的方向，则认为主体性、情感性、活动性、技术性是中学数学创新教育的教学原则。

二、中学数学创新教育的教学模式体系

（一）中学数学创新教育的教学模式体系的基本思路和基本模式

为了在中学数学教学中落实创新教育，可以从创新教育的原则出发，按下列系统构建中学数学创新教育的教学模式体系。如图 6-1 所示。

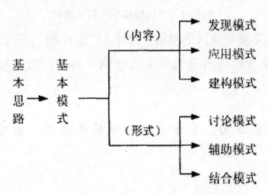

图 6-1 中学数学创新教育的教学模式体系

什么是创新教育的基本思路呢？我们认为把中学数学教学过程设计成为让学生再发现、再创造的过程，让学生在教师引导下，相对独立地去进行发现与创新，应当成为我们教学设计的基本思路。当然，教材中的概念、公式、法则、定理等知识对人类是已知的，但是这些结论对学生来说是未知的，它不妨碍把教学过程设计成为学生再创造和再发现的过程，而教师的教学艺术也正体现在这种教学设计中。

我们认为，在中学数学教学中，为了遵循上述基本思路，"问题解决"模式是创新教育的基本模式。

所谓问题解决就是把前面学到的知识用到新的、不熟悉的情境中的运用过程。其模式结构图如图 6-2 所示。

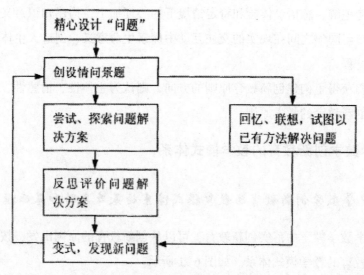

图 6-2 "问题解决"模式结构

对于教师而言，无非要解决两个问题：教什么？怎样教？因此，在这个基本教学模式的基础上，我们应该从教学内容和教学形式这两个角度，来构建创新教育的教学模式体系。

（二）从教学内容方面，应当主要加强发现模式、应用模式和建构模式的研究

1. 发现模式

布鲁纳的教学理论——认知发现说是发现式教学的理论基础。布鲁纳认为学习的实质是学生主动地通过感知、领会和推理，促进类目及其编码的形成。类目是指一组相关的对象或事件。他强调学习是掌握知识结构，即学习事物间怎样相互关联的。他认为，应该培养学生具有探索新情境，提出假设，推测关系，应用自己的能力解决问题，发现新事物的态度。由此，他提倡发现学习，主张教学应创造条件，让学生通过探究活动来发现基本原理或规则。

发现式学习是学生通过自己的努力去探索、去发现知识，这有利于培养学生创造性思维能力。在中学数学教学中，运用发现模式培养学生的创新能力是基于以下考虑：

第一，从中学生学习数学的心理特点看，中学生具有强烈的好奇心，模仿能力强，活泼好动。发现式的教学给学生提供了主动探索、自主学习的空间，提供了动手、动脑、动口的机会。学生可以亲自做模型、做实验、搞测量等，做到知、情、意、行统一，大大激发了学生的学习兴趣，这是创新的灵魂。

第二，从数学教学的特点上看，数学知识不是抽象、枯燥的，是与实际生活息息相关

的，应训练学生用数学的意识，培养良好的数感。教学大纲明确指出，发展思维能力是培养能力的核心。运用发现模式是以数学的手段来培养科学的思维方法。

第三，从创造性思维的阶段上看，创造性思维可分为四个阶段：提出问题、准备、顿悟、完成。这不难看出，发现模式的教学有其相似的一面。

第四，从发现模式的特征看，它强调学习过程、直觉思维、内在动机和信息提取。直觉和灵感是创造性思维的重要形式，许多科学家的发明创造就有直觉和灵感的因素在内。

发现教学模式的基本程序如下：创设情境—分析探究—猜想假设—论证评价。创设情境可以利用实际问题、数学问题、模型演示或者是知识矛盾进行引入；在分析探究中通常要用到实验、观察、类比、联想、归纳、综合、从特殊到具体化或者将一般化进行推广等数学方法；可以猜想结论，猜想规律，也可以猜想策略；对提出的假设要进行逻辑证明，给出适当的评价，并将解法反馈，还要注意对解题思路进行发散。

发现式教学模式原则上主要可以运用于概念、命题（定理、公式、法则）、问题（例题、习题）等教学内容与新授课、练习课、复习课等教学活动中，既可以体现于教学全过程，也可以运用于其中某些环节，这取决于教学目的、内容和学生实际。

2. 应用模式

数学知识的应用是培养创新精神和能力的另一个途径。当教学内容是数学知识实际应用时，数学建模的思想是解决实际问题的基本思路，也就是从实际问题出发，通过认真审题，弄懂题意，联想有关的数学知识，建立相关的数学模型，把实际问题转化为一个数学问题，通过对这个数学问题的求解，然后再回到实际问题中去。数学建模的意识、思路和能力是创新教育的重要组成部分。为了强化这种意识和能力，应当成为一种教学模式体系。程序如下：

实际问题→数学建模→模型求解→实际问题得解

实际问题的选择可以是教材中应用性的例题、教师改编的习题、教师提供的实际问题或者是学生调查来的实际问题，可以结合本节课的知识、本章的知识甚至是多学科知识相结合进行数学建模，在求解过程中可以进行一般性的计算证明，也可以引入计算器或者是计算机，得出结论后还要注意反馈、检查、完善、选优，并对得出的策略进行反思。

学生学习应与一定情境相联系，在实际情境下进行学习，可以使学生利用原有知识和经验同化当前要学的新知识。这样获取的知识，不但便于保持，而且容易迁移到新的问题情境中去。从教学本质看，教学过程是以学生的认知为基础的知、情、意、行的统一过程。数学知识实际应用为学生创造了最佳的学习心理条件，使学生可以由被动变为主动状态，对学生的认知心理产生激励效应，能及时调动学生学习的兴趣、注意力，激发学生学习的动机、学习潜能和参与意识。创设学生所熟悉的教学情境和场所，同时结合日常生活，使学习主体能自然地发现新知识，从而主动地进一步学习知识。由现实问题到数学问题、由具体问题到抽象概念的认知转化，是人类发现活动在数学领域的具体表现。此外对得到的新的数学概念、模型、技巧还要做进一步的理解和把握。把握好"切入点"引导学生在学中用，在用中学。让学生用已有的数学知识解释一些实际结果，描述一些实际现象，模仿地解决一些较为确定的应用问题，再独立地解决一些实际问题，最后发展到能独立地发现、提出一些实际问题，并能建立模型而求解。

3. 建构模式

数学具有系统性的特征，数学的定义、公式、定理、法则等具有它们的逻辑系统和结构。建构模式体系有利于学生了解数学理论的建立、发展过程，具备良好的认知结构，学会建构理论的方法，也是中学数学创新思维教育的一个方面。因此，根据教学内容特征，随着学生数学知识和能力的不断丰富和提高，适当地运用建构教学模式也是必要的，它的程序如下：

整体结构→部分研究→形成系统

每个教学环节包含不同的内涵，形成多种变式，如图 6-3 所示。

整体结构框架→分析探究→组合连接→形成结构
系统类比→迁移分析→转换连结→形成新系统
分析结构→研究发展→建立连接→形成新结构
整理知识→整理方法→充实补充→系统总结

图 6-3

对于第一种形式，主要体现把一个单元或一个章节的教学，进行"整—分—整"地讲授，学生在知识结构中分析、探究，再经过组合联结，完成对知识系统和结构的认识。第二种形式，适用于两部分知识内容、研究思路、方法类似的章节或单元，组织学生进行类比迁移的探究，自主地完成后部分内容的学习。第三种形式，主要用于分析知识的结构，找到新的知识生长点或存在的矛盾和问题，引导学生探究，完成知识结构的发展过程。第四种形式主要用于章节内容的小结。这种教学模式一般是把一个章节或单元当成教学整体考虑，而对于每一节教学，又可以采取适宜的教学模式。

（三）从教学组织形式的方面，需要研究讨论模式、辅助模式和课内外结合模式

1. 讨论模式

讨论模式是一种合作模式，主要特点是在教学过程中围绕共同的教学材料或问题，在教师的引导下，开展学生之间、师生之间的多种形式的合作交流、共同探究的一种教学模式。数学讨论课由以下几个环节组成：第一，师生讨论将某章节内容划分成若干个专题，同时将班级学生分成若干个小组；第二，小组活动通过图书馆、阅览室、上网等多种手段，获取相关资料，进行搜索、归纳、整理，撰写成文；第三，各小组派一位代表上台讲解、说明、回答学生的问题；第四，教师组织引导，归纳总结。

2. 辅助模式

在推进信息化教育热潮中，计算机的运用再一次成为教育领域关注的热点。以多媒体计算机和网络技术为基础的现代教育技术的迅速发展对传统教学模式产生了巨大的冲击，CAI（Computer Assisted Instruction）即计算机辅助教学不仅带来了教育技术的革命，更使教育理念、教育思想、教学方法、教学内容和教学模式都产生了深刻的变革。在数学教育领域，如何充分利用信息技术的优势，构建新型的教学模式，成了数学教育改革迫切需要解决的问题。随着许多高质量的数学教学软件和教学平台的推出，如 Mathematics Maple、几何画板等，计算机极大地推动了数学教学的深入改革。至今计算机已成为学生"学"的认知工具，为学生自主学习、成为教学的主体提供了有力的支持。CAI 在数学教学中具有了更广泛、更深刻的意义。

其中几何画板就是一个优秀、适用、有利于学生创新思维能力培养的数学教学平台。因此，教学环境和教学手段的改变，必将导致教学思想、教学方法和教学模式的改变，需要构建一种新型的课堂教学模式来充分发挥计算机辅助教学的作用。这就引进了辅助教学模式。

建构主义理论、信息技术设计理论为辅助模式体系提供了坚实的理论基础，计算机及其教学软件平台技术提供了理想的教学环境，把几何画板等探索型教学平台引进数学课堂教学后，学生在学习平台上有了支配权，在教师指导下，提出问题，设立学习步骤，优化学习方法，自主探索，成为课堂教学的"主体"。

3. 结合教学模式

结合教学模式是指把课内外教学结合起来的模式，它比只局限在课堂上的教学具有更大的开放性，有利于充分发挥学生的自主性。课堂教学时，把一些耗时较多的问题作为课后思考题，比如：调查研究、查询资料、提出问题、自主探究、讨论交流、撰写论文、宣

读论文、师生小结等教学环节可安排在课上交流讨论完成，也可在课下完成。此外，介绍性的一些数学应用情境的内容，也可以作为课后阅读材料给学生。如：短文《用数学注释的花园》《富勒、网格球顶和巴基球》等，像手工实验性的活动，留给学生课后制作完成。如用一个圆形纸片按下列要求对折：在圆面上，取一点 A，然后将圆的边沿折向圆内，使边沿通过 A，如此反复对折，观察折痕所围成的图形是什么？若把点取在圆外，又如何？你能解释原因吗？又如：在学习多面体表面积时，让学生课后用纸来制作棱柱、棱锥、棱台模型。

课外教学与课内教学相结合进行，抓住一切可切入机会把数学渗透到各个环节中去，把课外教学与课内教学融为一体，切实体现学生主体的参与性，更好地落实创新教育的理念。

第二节　优化中学数学课程教学模式

一、新授课教学模式

新授课通常包括基础知识课、概念课、定理推导课等课型。

（一）基础知识课教学采用"启发探究式"

基本程序是导入→探究→归纳→应用→总结。

教学过程的导入环节就仿佛是优美乐章的序曲，如果设计安排得有艺术性，就能收到先声夺人的效果。总的说来，新授课的导入要遵循简洁化、科学化和艺术化原则。新授课的导入方式很多，如复习导入、实例式导入、类比导入、引趣导入、设疑导入等。

例如：高一数学在引入反函数概念时，说明为何只有一一映射的函数才有反函数，可以采用"设疑式导入"，依次提问，层层深入。这样学生的思维处于"问题情境"之中，在内在的驱动力下，就会积极思考、探索，最终获得知识。

在探究过程中，教师一定要注重数学思维过程的展现。数学教育的主要意义在于培养学生良好的思维习惯和思维策略，增强反应能力。因此，教师在教学中不仅要让学生知其然而且应该知其所以然，使学生学会思考，提高思维能力。

例如，高二立体几何"球的体积和表面积"，新课程的教材是运用"分割，先求近似和，再化为准确和"的方法进行推导，即"化整为零，又积零为整"的极限思想，这种方法实际上是定积分的一个具体应用，为学生今后学习极限和微积分等数学知识做了铺垫。这正是我们带领学生进入另一个数学领域、开阔数学视野的好时机。在探究过程中，学生会不自觉地在教师的启发下对知识体系中蕴含的内在联系和思想方法进行提炼和归纳，从而完成对新知识的认知过程。

求知的过程是学生内心体验的过程，因此教师要树立强烈的学生主体意识，把学习的权利和探索的时空留给学生，让学生通过自主尝试、实验、交流，多角度地探究出问题的解决方式，形成自主学习的能力和刻苦钻研的精神。

（二）概念课教学采用"结构教学模式"

基本程序是：自学→提炼→交流→形成结构→巩固练习。

这种模式的特点是强调学习过程中学生的主动性和建构性，主张知识结构网络化。即在学生思考的基础上组织交流，在交流中引导学生认真观察、思索，找出共性，加以概括，形成概念，并对知识结构网络化。这种方式对揭示知识规律、认识知识本质有很好的帮助。

例如高中数学空间向量中共线向量和共面向量，教材中概念、定理和结论很多，学生不易掌握。采用结构教学模式，首先让学生类比平面向量，自学空间共线向量，然后由学生提炼出知识结构，完成认知过程。通过对平面向量知识结构的复习整理，学生会清楚、系统地掌握共线向量知识，并且通过类比自行总结共面向量的知识结构，从而使枯燥、零乱的一堂课变得生动而紧凑。

（三）定理新授课教学采用"发现式教学模式"

基本程序是创设情景→提出问题→组织交流→鼓励猜想→引导论证→运用结论。

在数学课堂教学中，合理创设情境，不仅能够激发学生学习的兴趣，帮助学生理解教材内容，加深印象，提高教学效率，而且能唤醒全体学生的认知系统，拓展思维，使其成为学习的主人。可从实际生活、相关学科、新闻事件、谚语故事、类比猜想、操作实验中创设情境。例如在执教"等比数列求和"时，可引用《庄子》中"一尺之棰，日取其半，万世不竭"的论述。[①] 在讲解"数学归纳法"时，可在课堂上通过实验多米诺骨牌游戏，使学生很快理解掌握数学归纳法的定义与本质。

在这一过程中教师应积极引导学生发现推理，形成知识，满足学生期待，解决实际问题。具体操作方法与启发探究式相似，重点是要鼓励学生大胆猜想，培养学生的创新能力

① 王红芳：《新课程理念下中学数学课堂教学模式探析》，载《教学与管理》2009 年第 27 期，第 127—128页。

和数学素养。

新授课采用多种教学模式时应注重对教材内容进行整合。在新授课教学中，许多教师都有一种困惑，教材改革之后，课时和教材内容比起来显得较紧张，采用上述教学模式时总担心时间不允许，实际上，新课程标准的出台就是要改变我们过去的教学方式。解决这个问题的方法，一方面是教师要改变教学观念，丢掉面面俱到一讲到底的旧传统，运用新的教学模式；另一方面要深入研究教材，在充分理解教材的基础上对其进行适当整合。

例如：高中立体几何空间向量的坐标运算，教材安排三课时，在对教材充分研究的基础上对其进行整合。第一课时采用"结构教学模式"，主要解决如何建立空间直角坐标系、向量坐标、点的坐标等问题，并且类比平面向量坐标运算公式，学生自行推导空间向量坐标运算公式。第二课时采用"启发探究式教学模式"，使学生能熟练运用向量的坐标运算解决实际问题。

二、习题课教学模式

习题课教学采用"导练建构式"教学模式，基本程序是：变式导练→应用建构→归纳提炼→完善建构。

提高习题课质量关键是精选习题和解题后的回顾与反思，使学生通过自己做题巩固学过的知识并发展能力。习题应以变式题为主，变式训练可采用如下方式。

1. 一题多问式，如上述的例子，这种题型能使学生系统地对本单元基本知识点做归纳，有利于巩固基础知识。

2. 一题多解式，对同一问题尽可能地鼓励学生超越常规，提出多种设想和解答。一题多解的例子很多，这里不再赘述。它不仅可以加深学生对所学知识的理解，达到熟练运用的目的，更重要的是扩大学生认识的空间，激发灵感，提高思维的创造性。

3. 一题多变式，伽利略曾说过科学是在不断改变思维角度的探索中前进的，故而课堂教学要常新、善变，通过原题目延伸出更多具有相关性、相似性、相反性的新问题，深刻挖掘例题习题的教育功能，培养学生创新能力。

三、复习课教学模式

复习课教学采用"导学模式"，其基本程序是：复习→交流→概括→练习。

传统数学复习课一般是由教师对所要复习的内容进行归纳，更多的是让学生做题。"导学模式"强调把系统归纳的责任还给学生，其目的是发展学生能力使其学会学习。复习时重在类比化、系统化、概括化，并且可以和"结构教学模式"及"导练建构模式"结合起来，必须让学生亲自参与到复习中，如让学生看书自己查找学习中的漏洞，校正错误，写出归纳小结等，然后课上交流。交流形式可多样化，如小组内交流、全班交流，或错例分析交流、宣读小论文等。教师的主导作用是组织交流、引导合作，培养学生的归纳概括能力，补充和完善学生的思维建构等。需要强调的是，数学是学生在教师的主导作用下自己做会和悟会的，因此教师的分析讲解不能代替学生亲自经历这些过程。

数学课堂的教学模式是开放性的。优秀的数学教师，不仅要学习和掌握各种类型的教学模式，还要在实践中不断加以创新，才能针对当前课程及教学内容选用恰当模式，并因材制宜地调控和综合运用最优组合模式，从而达到最佳教学效果。课堂教学是学生在校期间学习文化科学知识的主阵地，也是对学生进行思想品德教育的主渠道，要切实抓好数学课堂教学，必须认真分析，深入研究，归纳总结出与之相适应的教学模式和教学方法，这对提高数学课堂教学质量有着重大意义和作用。

四、游戏化教学模式

中学数学教师课堂教学模式开展过程中，更倾向于使用游戏化的教学方式进行教学。这种教学模式对激发学生学习积极性有着积极的推动作用，同时，也有利于培养学生的学习兴趣，活跃课堂氛围，更有利于构建和谐的师生关系。现阶段，应通过游戏化方式引入新课，使用游戏化环节开展教学，激发学生学习兴趣，同时借助游戏来巩固复习，提高课堂教学的实效性。

所谓游戏化教学模式，就是任课教师根据数学内容的需要，设计合理的游戏活动环节，并将其有机地融入课堂教学中。此环节改变了传统数学课堂沉闷的氛围，增加了课堂趣味性，有利于吸引学生注意力，激发学习兴趣，辅助课堂教学的开展。目前，游戏化教学模式是中学生所喜欢的教学方法之一，它可以使学生在课堂上获得有趣的游戏互动知识，充分体验学习的乐趣，从而增强学生在课堂学习中的获取感和满足感。在进行游戏教学之前，教师需要仔细分析学生的具体学习状况，对学生的自我认识结构体系以及对数学知识的接受程度进行充分的了解，结合学生的个性特征对游戏互动进行设计，保障课堂教学的进度，提高教学效率。

（一）游戏化教学模式融入中学数学课堂的意义

中学数学游戏化教学模式的运用，对学生学习兴趣的培养、主观能动性的发挥以及师生关系的建立都发挥着重要的作用。

1. 培养学习兴趣，调动学习积极性

在新课改不断推进的背景下，教师对教学内容要进行合理的设计，注重结合学情。教师要关注学生在此阶段中发展的个性特征，针对不同学生的心理特征以及认知结构进行教学设计，充分发挥学生的主体地位，激发其学习兴趣，发挥教师的引导作用。在进行课堂教学过程中，任课教师需要合理地设置游戏活动环节，在缩短师生距离的基础上增进师生亲和感，且引导学生在游戏互动环节当中，拉近与数学理论知识之间的距离，体会数学的知识魅力。生活实际与理论知识相结合的游戏模式，有利于激发学生的学习兴趣，培养并提高学生动手实践能力与探究解决问题的能力，促进学生全面发展。

2. 充分发挥学生的主体地位

传统教学课堂由于受到应试教育的影响，在对学生进行教学时采用"灌输式"的教学模式，不利于学生对知识的掌握与吸收。从长远来看，会引起学生的反抗和抵触，不利于教学活动的有序进行。同时，传统的灌输式教学方法缺乏课堂趣味性，枯燥的理论学习无法长时间聚焦学生的注意力，不利于课堂教学效率的提高。然而，将游戏化教学模式应用进课堂教学，营造出轻松和谐的课堂氛围，吸引学生积极参与课题讨论，有利于充分发挥学生的主体地位，促进学生主观能动性的发挥，从而提高教学效率。

（二）游戏化教学模式开展策略

游戏化教学模式在中学课堂中的应用策略，可以从新课程的开展、利用游戏互动进行课程巩固复习以及培养学习兴趣等方面进行探讨，创造和谐的课堂氛围。

1. 依托游戏导入新课激发学生学习兴趣

合理的导入环节有利于课堂教学活动的开展，课前导入的趣味性对学生具有启发意义，激发其探究欲望。因此，教师在进行课前导入时可进行合理的游戏互动，以此充分调动学生的学习积极性，使学生充分参与教学过程，提高教学效果，使学生在教师的指导下开展相关的思维活动，牢牢把握知识点，提高学生的获得感和满足感。

2. 利用游戏开展教学，营造和谐师生氛围

教师应通过各种游戏活动对枯燥乏味的课堂环境进行改善，营造出轻松和谐的学习氛围，使学生在学习过程中改变心态，提升舒适度。教师在设计游戏互动时，要将教学内容、教学进度与学生的个性特征有机结合起来，保证游戏环节为课堂教学服务，具有针对性，提高课堂教学效率。另外，数学教师在教学过程中要注重将理论与生活实际相结合。数学知识来源于生活，必将应用进生活。因此，教师在进行游戏设计时更应加入生活元素，拉近学生与数学之间的距离，并将其应用到教学过程中，从而充分调动学生的学习热情。

3. 通过游戏互动进行复习巩固，提高教学效率

学生对于数学知识的深入掌握有赖于课后的复习与巩固，能够帮助学生及时填补学习

上的空白，并帮助学生巩固知识。但是单调的复习极易导致学生产生应付学习的心理，若任课教师在复习知识时能够采用游戏化的方式，则会极大地增强学习效果。课后，教师可以组织学习小组开展多种形式的游戏环节，如背诵比赛、使用记忆卡、游戏接龙等，教师引导学生不断参与进游戏，在游戏中达到对理论知识的二次学习，[1] 加强记忆，使学生对知识真正掌握并能够有效利用。

第三节　全面推进中学数学教学改革创新发展

随着 21 世纪的来临，一个以知识的创新和应用为重要特征的知识经济时代初见端倪。这样的时代对于人的素质有新的要求，如更加重视接受新事物的能力，更加重视获取、判断、整理、使用信息的能力以及创新能力等。在未来社会，教育和学习起着核心作用；社会的信息化、经济的全球化，使创新精神与实践能力成为影响整个民族生存状况的基本因素。社会进步昭示世人，莘莘学子在校学习课程不是单纯为了升学的需要，更是为了生存和发展的需要；他们的学习所得不能只是一些纸上谈兵的知识，而应该是活生生的生存智慧。

一、面向未来，探索求进

深化中小学课程改革是时代进步的必然趋势，也是基础教育适应未来的必然要求。

（一）社会发展对数学教育提出新要求

在知识经济时代，人们的生活状态将出现重大改变。社会发展对学校教育提出了"三个必须"：必须关注学生终身学习的需要，必须突出创新精神和实践能力的培养，必须重视培育人的道德品质和社会责任感。

生活在知识经济社会的人们，需要为生存而思考，需要数学式的思维，为此就要大力发挥数学教育的独特作用。社会进步提出的这些要求，促使学校教育必须进一步突破学科中心，全面关注学生发展的需要；促使数学课程内容必须进行改革，数学课程实施过程也必须有相应的转变。

（二）数学教育面临新情况

数学教育面临的新情况，主要反映在以下两个方面：一是科学技术的快速发展激发了

---

① 于娟：《新课程理念下游戏化教学模式在中学数学课堂中的运用》，载《才智》2020 年第 13 期，第 72 页。

数学的应用，数学成为表示、解释、预测信息的有力手段和普遍适用的技术。科学技术的迅猛发展，特别是计算机技术的飞速发展和广泛使用，激发了数学的应用，极大地改变着人们的生活面貌、工作方式和思维观念。这些改变必然要求广大的普通老百姓能够更加深入地理解数学，懂得数学的基本应用，从而对原来的数学课程与教学模式产生巨大的冲击，在数学教育的目的、内容重点和教学手段等各方面带来新的变化。

二是中等教育的普及形成了"人人学数学"的可喜局面，同时呼唤"数学为人人"的大众教育。普及教育的不断发展和巩固，使所有的人都有学习数学的机会，数学素养则成为每个公民必需的文化素养。教育的普及性，促使数学教育必须从"精英教育"转向"大众教育"。

二、关注育人，深化改革

例如，上海"二期课改"确立了"以学生发展为本"的基本理念，在《上海市普通中小学课程方案》中明确提出，要构建"以德育为核心、以培养学生的创新精神和实践能力为重点、以完善学习方式为特征、以现代信息技术为标志，关注学生学习经历和促进每一位学生发展的课程体系"，建立以"基础型课程、拓展型课程、研究型课程"等功能型课程为主干的多维度课程结构；要形成各学科课程标准。上海中小学课程的整体构想以及《行动纲领》提出的数学教育改革目标定位和行动策略，为深化上海中小学数学课程改革指明了方向和思路，当务之急是编制"二期课改"的数学课程标准及编写相应的教材。

三、坚持务实，稳步推行

实践经验表明，课程改革需经历探索研究、实践反思、深化发展这样一个持续运行的过程，教材建设要经过编写、试验、修改、推广、完善等一个个逐步递进的台阶，国家课改办和教研室对数学课程改革及教材建设的推进做了完整的安排。主要工作包括如下几项。

（一）宣讲"课程标准"，积极参与教师培训

关于使用新编数学教材（试验本）的教师培训，由教研室组织，数学教研员全程参与活动，数学教材编写组具体实施。教师培训活动的主要任务是针对新编数学教材的使用，宣讲数学课程标准、做好教材分析；参加活动的对象是试验基地学校的数学教师。通过培训，教师的教育观念有了适应性的转变，对新编教材有了比较恰当的理解，对选择使用教学方式也有了新的认识，从而能以崭新姿态进入数学课堂，较为顺利地实施新课程。

（二）聚焦数学课堂，探讨上数学"好课"

数学课程对"好课"有新的诠释，怎样在数学课堂教学中正确体现"以学生发展为本"的理念，如何在数学课堂教学的过程中落实含有知识与技能、过程与方法、情感态度与价值观等"三维目标"内容要求，这些问题都应格外关注和深入认识。所以，要通过研讨活动，促进教师积极进行数学教学改革、自觉上数学"好课"，数学教研员和数学教研组为此做了大量工作。

（三）激活数学教研工作体系，关注数学教师专业发展

围绕"课改"数学课程实施这项新任务，市教研工作系统提供了强有力的专业支持。一方面大力组织省、市、区县、校的数学教研活动，使教学试验中遇到的问题得到及时的处置和解决；另一方面进一步加强以数学教研组为基地的"校本教研"，组织开展形式多样的教学交流和研讨，同时精心培养青年数学教师和骨干教师。

（四）为省、市、区县、学校提供指导和服务

组织成立了各学段的市级"数学中心组"。通过数学中心组，为使用新编数学教材的教师提出关于正确把握教学基本要求、稳定教学良好秩序、减轻学生过重课业负担等方面的指导意见。初中、高中数学中心组坚持每学期给使用新编数学教材的初中、高中各年级提供期中、期末考试的参考试卷，为"课改"试验研究基地学校服务。

四、建立规范，提升质量

各学科课程进入全面推广阶段以后，整体工作要求是通过研制学校课程计划、加强教学基本环节管理等，促进课程与教材实施要求的落实；通过提升学校课程领导力、加强教育质量监测、完善课程标准和成套教材修订，不断提高课程建设和实施的质量。

（一）加强数学课程与教学研究

在多年的数学课程改革实践中，教师的教育观念发生了很大变化。奉行"以学生发展为本"的理念，就表明在数学教学中要全面关注学生的发展，要坚持以培养学生的创新精神和实践能力为重点，要把促进学生学会学习、学会思考作为根本课题；还要重视数学的文化性，突出数学的思想方法和思维方式。

广大数学教师按照新理念、新要求，加强了对数学课程与教学的实践和研究，加深了对于"教学"的理解。在认识层面上，知道数学教学不是仅仅传递数学知识和技能，还要

宣示数学思想和数学思考方式；要引导学生主动学习，促使学生学会学习和思考。在教学实施中，知道要切实关注数学概念的本质与理解、数学知识的联系与转化；要激发学生自己主动学，帮助学生通过积极的思考建立起对数学的理解力，体会数学的价值，构建和发展数学认知结构。

教学是一种艺术，教学有法但教无定法。上好一节数学课确实不容易，不仅要研究教材、把握知识体系，还要研究学生、为学生着想；不仅要引导学生积极参与学习过程，还要多为学生主动学习提供机会和条件；而且教学方法要多样，以形成优势互补。有了这些认识，许多教师决意在数学课堂上尝试"以启发学习为特征、以学生活动为中心"的教学方式，乐意尝试"提出问题、引导探究、开展讨论、形成新知、应用反思"的教学流程，并且很在意学生的反应、关注学生的成功，促进了新理念、新要求的落实。

例如，上海"二期课改"。为贯彻落实上海市教学工作会议的精神，在中学数学学科教研中，要求全体数学教师切实抓好教学流程的"五个环节"，并围绕这些关键环节完善教学常规建设。还进一步提出，关于"备课"环节，要充分认识到备课研究是最基本的教研活动，必须大力加强备课组活动；备课是教师最基础的工作，备课包括备目标、备学生、备内容、备导入、备问题、备活动、备衔接、备技术等，必须认真落实各项备课任务。关于"上课"环节，特别强调其有效性的整体表现在于"效果、效率和效益"三者平衡，要努力寻找和把握"效果、效率和效益"的平衡点。关于"作业"环节，明确指出要看到现在的作业布置存在作业与教学内容脱节、作业量偏多、题目难度偏高、作业功能发挥不够等问题，必须合理设计作业，精选作业内容，重视作业形式多样，作业要求分层，重视发挥作业对教学的反馈、诊断功能。还提出应看到虽然数学教学中向来重视"布置作业"，但对于作业的有关基础性研究有明显不足，必须改进。通过进一步分析有关情况，针对在作业的设计和选择上随意性较大、作业的解释度较差等问题，市和区县的中学数学教研员共同组织了关于"提高数学作业品质"的项目研究，并取得了阶段性成果。在抓好教学流程关键环节的同时，还要求全体教研员增强责任意识和服务意识，对"新增教学内容、具体课型、数学考试命题"等加强研究，提升课程指导力；在组织教研活动方面，大力开展主题式教研，在活动中讲"针对性、时效性、细节性、典型性"，着力解决数学课堂教学中的一些倾向性问题。

（二）推进数学教学规范建设

为有效实施数学新课程，必须着力建设以"二期课改"课程理念为指导思想的数学课堂。新的数学课堂着重于体现：以促使学生学会学习、学会思考为数学教学的重要课题；学生处于能动的、越来越自觉的主体地位；师生之间相互信任、关系和谐，成为学习共同体。

基于数学课程理念的指引和教学成功经验的积累，对数学课堂教学的实施，提出了以下策略性要求和基本规范。

1. 教学基本策略

关于数学课堂教学的策略性要求，可简记为"坚持一项原则""强调二者结合""重视三个要点"。

一项原则就是教师的"教"应以尊重学生的主体地位为前提。在教学中，要充分发挥学生的主动性、能动性和创造性。

二者结合就是教师主导与学生主动相结合。教学是教师主导与学生主动有机统一的活动，应将教师的"教"融合在学生"学"的过程中。

三个要点是指从三个方面着力，切实把握组织优质教学活动的关键点。要点之一是确立"三维目标"，目标内容的三个维度是"知识与技能""过程与方法"及"情感态度与价值观"；要点之二是突出"三件要事"，这三件要事是"关注学生学习数学的兴趣和对数学的理解""展现数学化和再创造活动的过程"以及"鼓励学生积极探索和自由思维"；要点之三是强化"三项举措"，这三项举措分别针对"导入主题""尝试活动"和"讲评小结"。

对于"三项举措"的具体要求是：

（1）导入主题，指明应采用适当方式。通常采用的方式，如复习导入就是回顾和反思旧知识，要注意提出新问题；如情境导入就是创设现实情境，要从中引出认知冲突或数学问题；再如活动导入就是设计数学活动，要让学生在观察、操作、思考等活动中引出主题。

（2）尝试活动，指明要提供学生尝试、归纳、猜想、议论的机会。

（3）讲评小结，要求讲有深度、评有力度、小结有广度；小结的内容包括学生的知识学习收获、思想方法体会、情感态度体验以及拓展思考的问题等。

2. 教学基本规范

数学有效教学的基本规范，涉及课堂教学设计和教学实施两个方面。

教学设计思路方面的规范要求是：

（1）抓住数学核心知识，突出数学思想方法。强调核心知识是基础、是载体；关注数学思想方法就是以上位学习引导下位学习，要通过提升思维品质以求得真正的实效和长效。

（2）教学目标整合，教学活动丰富。强调要将多元教学目标整合起来，提出明确的主体目标；要安排丰富多样的数学活动，提供获取基本活动经验的途径。

教学组织实施方面的规范要求是：

（1）关注认知起点，把握基本要求。强调以学生已有的知识经验和熟悉的生活情境为出发点，向学生的最近发展区推进；注重落实教学基本要求。

（2）展现学习过程，开放思维空间。有了过程，学生才有机会参与学习活动、才能获得过程体验；强调要组织合适的学习活动，并为学生提供参与活动的机会；在教学过程中教师应敢于放手、善于放手。

（3）贯穿师生互动，引导内化整理。强调要营造良好的认知环境，重视激活知识、激活思维、激活课堂；要及时讲评，做好小结。

（三）深化数学学习评价研究

长期以来，学习评价活动偏重于书面考试和分数评定，注重于对学生认知发展水平的判定，必须改进和完善学习评价。提出要进一步端正学习评价的目的，建立"主体多元、方法多样"的评价体系，重视形成性评价、关注终结性评价，加强过程性评价、实施发展性评价。

在数学教研活动中，对于形成性评价提出了明确要求。形成性学习评价的着眼点是"引导和促进"，立足点是"形成和改进"。实施评价时，不仅要评价学生通过数学学习所取得的成果和达到的水平，更要重视学生在学习过程中的变化和发展，关注学生在学习活动中所表现出来的主体精神、进取态度、行为习惯、思维品质和学习潜力。由此进一步强调，形成性学习评价应更多地关注学生在学习过程中的表现，注重对学生达成课程目标的启发和引导；应重视对学生课堂学习情况的分析、日常学习活动的观察，加强评价者与被评价者之间的沟通和交流。

形成性学习评价活动包括对每一节课达成学习目标的情况分析和对学生日常学习表现的考察，以及期中、期末测试和章节测验等。应准确把握测试命题的内容和要求；关于数学基础知识和基本技能的考查，要把握基本要求、突出教学重点、注重理解实质、体现数学思想方法，发挥测试命题对于用好数学课本、加强数学基础教学的积极导向作用。

各学段的毕业考试及学业评定，是终结性评价。由于学段的毕业考试是学业水平考试，因此强调要依据课程标准、坚持目标参照。

学习评价的方式和方法应多种多样，在总体上要体现评价的全面性、动态性、综合性和激励性。学习评价结果的报告和解释，应重视定性与定量相结合、统一性与灵活性相结合。

参考文献

[1]姚建法,数学运算教学的三次"转变"[J].教学与管理,2017(11):33-35.

[2]王祯玥,从核心素养角度论提高学生解析几何运算能力[J].上海中学数学,2018(Z1):1 -2+29.

[3]陈遵志,数学核心素养理念下的初中数学课堂教学实践探索[J].福建教育学院学报, 2017(2):61-63.

[4]吴亚萍.数学教学改革指导纲要[M].福州:福建教育出版社,2017.

[5]吕世虎.中国中学数学课程史论[M].北京:人民教育出版社,2013.

[6]张书新.中学数学课程中的对称美及其应用[D].武汉:华中师范大学,2019.

[7]李志洪.中学数学教学中实施创新教育的实践与研究[D].福州:福建师范大学,2003.

[8]张继红.创新教育下的中学数学课堂教学模式研究[D].长春:东北师范大学,2002.

[9]刘鲁文.构建中学数学创新教育的教学模式体系[D].武汉:华中师范大学,2004.

[10]陈烨.针对初中函数学习困难的教学设计与实践[D].济南:山东师范大学,2013.

[11]邱万作.行进在上海数学课程改革路上[M].上海:上海教育出版社,2018.

[12]张弘.论笛卡儿数学方法论的应用与发展[D].福州:福建师范大学,2012.

[13]吕世虎.中国当代中学数学课程发展的历程及其启示[D].长春:东北师范大学,2009.

[14]宋子恒.论中学数学教育改革与理性回归[J].才智,2018,(20):65-66.

[15]张林.中学数学教学模式改革的现状、问题及对策[J].科学咨询(教育科研),2012(01): 78.

[16]刘岗.数学学习评价的实施现状与发展对策——来自山西省临汾地区初级中学数学学 习评价改革的调查[J].教育测量与评价(理论版),2010(09):33-35+32.

[17]姜权.数学课堂教学中学生抽象概括能力的培养[J].山东农业工程学院学报,2019,36 (04):135-136.

[18]郭美华.培养抽象概括能力,提高知识综合运用[J].科技创新导报,2012(12):172.

[19]纪志刚.天才的科学家达·芬奇[J].科学、技术与辩证法,1987(05).

[20]斯宾诺莎.笛卡儿哲学原理[M].北京:商务印书馆,王荫庭、洪汉鼎译.1991(6):36.

[21]伊丽莎白·S.哈尔丹.笛卡儿哲学著作集[M].北京:商务印书馆,李琍,徐卫翔译.1985.

[22]王红芳.新课程理念下中学数学课堂教学模式探析[J].教学与管理,2009(27):127-128.

[23]于娟.新课程理念下游戏化教学模式在中学数学课堂中的运用[J].才智,2020(13):72.

[24]孙延洲.基于创新思维培养的中学数学教育研究[D].武汉:华中师范大学,2012.

[25]邱晓昇.中学数学中统计与概率的教学实践与研究[D].苏州:苏州大学,2010.

[26]曾一鸣.数学教学论[M].北京:高等教育出版社,2014.

[27]严士健,张奠宙,王尚志.普通高中数学课程标准(实验)解读[M].南京:江苏教育出版社,2004.

[28]中华人民共和国教育部.普通高中数学课程标准(2017年版)[M].北京:人民教育出版社,2017.

[29]邱新昌.浅谈中学数学教学中学生创新能力的培养[J].理科考试研究,2016(12):40.

[30]林崇德.21世纪学生发展核心素养研究[M].北京:北京师范大学出版社,2016.

[31]姜启源.数学模型[M].北京:高等教育出版社,2011.

[32]徐斌艳.数学课程改革与教学指导[M].上海:华东师范大学出版社,2009.

[33]韩中庚.数学建模方法及其应用[M].北京:高等教育出版社,2009.

[34]田红梅.数学建模在高中数学教学中的融入[D].西安:西北大学,2014.

[35]杨慧春.数学建模思想融入高中数学教学的实践研究[D].南充:西华师范大学,2017.

[36]赵英洁.初中数学建模教学情况的调查研究[D].南京:南京师范大学,2017.

[37]韩继斌.在高中数学教学中渗透数学文化的研究[D].济南:山东师范大学,2015.

[38]罗永超,吕传汉.民族数学文化引入高校数学课堂的实践与探索——以苗族侗族数学文化为例[J].数学教育学报,2014,23(01):70-74.

[39]孙淑娥,张雄.论数学文化的基本特征[J].新西部(理论版),2016(23):153-154.

[40]赵欣丽.中学数学教学中学生创新能力的培养[J].课程教育研究,2015(11):157-158.

[41]孔玉兰.浅谈数学教学中学生创新能力的培养[J].数学教学通讯,2016(17):51-52.

[42]朱言堂.中学数学教学中学生创新能力的培养[J].数理化解题研究,2016(29):19.

[43]张宁兰.浅谈中学数学教学中学生创新能力的培养[J].教育革新,2014(5):33.

[44]仇胜华.浅谈中学数学教学中学生创新能力的培养[J].新课程(下),2012(5):39.